I0484763

CÓMO HACERSE RICO ¡¡YA!!

Aprende a solucionar para siempre
tus problemas de dinero

Isabel Nogales

3ª Edición (Extendida) 2014

CÓMO HACERSE RICO ¡¡YA!!

Aprende a solucionar para siempre
tus problemas de dinero

Isabel Nogales

3ª Edición (Extendida) 2014

ISBN-13:978-1507576038

ISBN-10:150757603X

Formato impreso, blanco y negro 1ª Edición 2015 Amazon Media EU S.à r.l. 1º Edición 2011. 2º Edición 2014. 3º Edición 2015 y 3ª edición versión expandida.

Formato digital ASIN: B00TC2A9PS

Portadas Coovert Creator,(M.I.N.N)

Introducción acerca de la autora: Andrés de Jaraíz

Corrección orto-tipográfica: Mariano J. de la Fuente

Ilustraciones cortesía de bancos de imágenes, akifrases, desmotivar., taringa, net-internet y.

Web monográfica http://www.comohacersericoya1.blogspot.com.es

Web de autor http://www.isabelnogales.net

"Como hacerse rico ¡¡YA!!" está comercializado tanto en versión impresa como digital. Lo encontrarás en grandes librerías internacionales como amazon, google play, lulú, casa del libro… y otros canales expandidos de distribución. Si deseas más información sobre el tema puedes encontrarla en la web de la autora www.isabelnogales.net

2° y 3ª Edición 2014

CÓMO HACERSE RICO ¡¡YA!!

Aprenda a Solucionar Para Siempre sus Problemas de Dinero

Más de 5000 copias vendidas

Por Isabel Nogales

3ª edición 2015 (versión expandida)

TESTIMONIOS

"Durante 15 años trabajé en diversas agencias de viajes, pero tenía un sueño : independencia, libertad económica y horarios flexibles para poder disfrutar de mi familia.

Unos amigos me hablaron del libro de Isabel Nogales "COMO Hacerse RICO ¡¡YA!! y sus métodos.

Después de analizarlo, adquirí mi copia.

 De eso hace medio año.

Hace apenas un mes he dejado mi carrera y comenzado este maravilloso viaje hacia el "progreso".

Este libro es tan increible que los resultados han superado mis expectativas …"

Carmen García. Málaga .España.

"Ojala hubiera encontrado este libro hace años!! Ahora sé que estoy en el camino correcto hacia mi libertad financiera"

Joice Smith, Orlando, Florida.

"Tengo 22 años. Antes ni llegaba a fin de mes, vivía de mis padres.

Poniendo en practica el libro de Isabel, este último mes que un conseguido mas de 12.500 €. ,
Increíble y bronceado. Tengo la sensación de tener el mundo en mis manos.

Gracias.

Joel Zacharias . Tenerife.España

"Es un libro que me ha aportado mucho al descubrir errores que no sabía por qué cometía. Al poner en práctica lo que enseña he mejorado.
Gracias."

Ismael López Guipuzcoa.

"Increíble la forma en que ha cambiado mi modo de ver las cosas.

Me he dado cuenta que no tenía ni idea de cómo mejorar mis finanzas...Ahora se que estoy en el camino correcto.

Se ha creado un antes y después en mi vida que ha marcado la diferencia...

LO RECOMIENDO A TODOS SI QUIEREN CAMBIAR SUS VIDAS DE UNA VEZ POR TODAS"

José Antúnez. El Salvador

"Me han permitido leer este libro previo a su edición.

Creo que este es uno de los mejores libros que he leido sobre lo que nos limita en nuestra rrelación con el dinero y cómo cambiarlo.

Lo recomiendo."

Cristina Lamboa ,Guinea Ecuatorial

"Compré este libro por recomendación de un amigo .

No conocía a la autora ni su trayectoria en en ambito financiero. Sinceramente pensé que sería otro libro más del montón que hay en el mercado y que no me aportaría nada....

"He de decir que me ha sorprendido gratamente la forma en que trata los patrones psicologicos que nos limitan y mantienen en la pobreza.

Desde entonces sigo a Isabel y aprendo con ella. Hoy me he animado a escribir este testimonio.

Espero que ayudes a muchas personas."

Julian Andres Mena de Sousa, Costa Rica

Si deseas que tu testimonio sea publicado , háznoslo llegar a comercialforex@gmail.com junto con una prueba de compra del libro.

A mi familia y pareja, que entendieron que precisaba tiempo y espacio para que esta obra viera la luz y pudiera ser elaborada, maquetada, editada y publicada...

Gracias por entender que también se crece cuando se invierte tiempo de uno mismo para ayudar a otros en su camino. Gracias por vuestro apoyo y vuestra paciencia.

A mis amigos y grupo de soporte y seguidores. Gracias por estar siempre ahí y hacer que el esfuerzo de escribir este libro merezca la pena.

Lo que distingue al hombre de los otros animales

son las preocupaciones financieras"

Jules Renard

Agradecimientos

Siempre resulta difícil agradecer públicamente a aquellas personas que han colaborado con un proceso, con una creación, con un éxito, por cuanto nunca alcanza el tiempo, el papel o la memoria para mencionar y dar, con justicia, todos los créditos y méritos a quienes se lo merecen.

Partiendo de esa limitación y diciendo de antemano MUCHAS GRACIAS a todas las personas que de una u otra forma han participado en este libro que marca, a mi criterio, un hito en la historia de la construcción de herramientas metodológicas para la elaboración de conductas y aptitudes que nos lleven al enriquecimiento no sólo financiero, sino también personal y profesional en nuestro país y en el mundo entero.

Espero que este libro y sus productos sean un motivo de orgullo personal para todos ustedes, como lo es para mi equipo y para mí.

Finalmente deseo decir un ESPECIAL MUCHAS GRACIAS a todos y todos los amigos que me han seguido desde mis inicios, mis suscriptores: mis amigos y especialmente mi familia. Todos aquellos que me acompañaron en esta travesía, compartiendo parte de sus vidas y de su tiempo; contando sus experiencias y anécdotas; comentando sus ideas y pensamientos; criticando constructivamente lo que no les gustaba de mis propuestas;

en fin contribuyendo con sus aportaciones a conseguir la manera de llegar mejor a aquellos que verdaderamente necesitan que alguien les indique cómo inferir las reglas que rigen el dinero en la actualidad y las pautas y el aprendizaje para mejorar nuestra calidad de vida y nuestra economía , con el objetivo de contribuir a su salud y desarrollo financiero.

"Como Hacerse Rico ¡¡YA!!" ha nacido y crecido con ustedes, por ustedes y para ustedes.

Acerca de la Autora

La primera vez que me encontré con Isabel, vi en ella una mujer emprendedora, polifacética, a primera vista, exitosa.

Mujer con grandes inquietudes personales, hormiguita y trabajadora, incansable, inquieta, insaciable y ávida de conocimientos y con gran pasión por lo que emprendía. Tenía inquietudes muy dispares entre si y a todas daba lugar en su pequeño mundo no con poco éxito: lo mismo dirigía un portal de internet dedicado a oportunidades de inversión , que te destripaba un ordenador y lo volvía a construir haciéndolo funcionar, habilidad que adquirió mientras regentaba una pequeña tienda de informática, o se ponía al mando del volante de un camión lleno de equipos de sonido si le fallaba algún trabajador.

Recuerdo que dirigía un programa de radio: "hablemos de FOREX " -otra de sus pasiones- en una emisora propia que gozaba de gran audiencia.

Lo más sorprendente de todo era que tuviera tiempo para todo, y es que empresa en la que ponía el ojo empresa que sacaba adelante, no con poco esfuerzo, y si con cierto éxito. Ella solía decir que las cosas le habían venido de la mano, rodadas, pero que detrás de todo ello había un secreto para alcanzar el éxito financiero y hacer explotar sus empresas, sin el cual todo lo demás raramente se daba.

A mi todo esto me recordaba un fragmento de "El Llamo blanco" que tanto me gustaba….

"Era una suerte fabulosa que nadie podía explicarse. Mina que caía en sus manos entraba en "boya"; mina que él abandonaba se iba para abajo. Sólo se le conocían victorias, jamás una pérdida en negocios"

de Fernando Díez de Medina.

A pesar de su sana ambición y su éxito en los negocios, lejos del estereotipo que solemos tener de las personas exitosas y ricas, Isabel no era ni distante, ni avara o soberbia y siempre estuvo dispuesta a ayudar a los demás a transitar por el mismo camino que ella recorría hacia el Éxito y compartir o ayudar en ese proceso de crecimiento personal hacia la riqueza.

Preocupada por el sufrimiento físico, emocional y espiritual del ser humano tanto en su individualidad como dentro de la sociedad en que vivimos y buscando repuestas que la satisficieran, comenzó a capacitarse a fin de facilitar el mayor estado de bienestar biopsicosocial del ser humano en la cual se hacen máximos los dichos:

> **Donde hay una voluntad hay un camino**

Y

> **La confianza en tí mismo es el primer secreto del éxito**

Adquiridos conocimientos académicos en salud mental y psicología clínica, fruto de su vasto desarrollo profesional al servicio del estado como D.U.E. durante los últimos 20 años los aplicó con éxito en sus consultas en resolución de crisis existenciales, reacondicionamiento de conductas aditivas, y trasformaciones crecimiento personal, principalmente.

Isabel ha creado una línea de productos educativos: artículos libros , talleres de formación y entrenamiento coaching en el campo de la MOTIVACIÓN Y DESARROLLO PERSONAL, FINANCIERO Y PROFESIONAL que a día de hoy ha conseguido cambiar la vida de muchas personas.

Autora reconocida de libros de educación financiera negocios y emprendimiento tales como:

"Cómo hacerse rico ¡¡YA!!"

"Todo sobre FOREX: Teoría y Práctica".- El método más completo para conseguir rentabilidad ¡¡Mes a mes!!", etc.

Y en referencia al ser humano, con herramientas para el crecimiento personal:

"Corazones Grandes…Pies pequeños"

"Deja salir al tigre que hay en tí",

"Quiero vivir"

Y " Supera tus miedos ", entre otros.

En el ámbito de las inversiones, con un máster en gestión financiera y Bolsa a sus espaldas y años de experiencia como consultora en finanzas, fomentando la utilización de recursos en conflictos financieros, implementando estrategias de inversión, gestión inmobiliaria, trading y arbitraje, comercialización de programas e inversiones de alta rentabilidad (IAR y PPP), estructuración de inversiones privadas en capital riesgo y capital semilla y otros negocios que han surgido desde hace algún tiempo en el mercado de habla hispana.

Isabel Nogales es una autora cercana y comunicativa que a través de un lenguaje coloquial y sencillo de su obra, sitúa al lector en una posición privilegiada en la que permite una verdadera revelación de sí mismo, de sus miedos y de sus limitaciones actuales, ayudándole a reencontrarse con sus propósitos y metas y facilitándole las herramientas adecuadas para el cambio ,que, junto con la guía mentora de la autora le permitirá desarrollar todas las capacidades necesarias para dar un vuelco a su situación y a su vida.

Firmado

un amigo:

Andrés de Jaraíz

Contenidos

Testimonios

Agradecimientos

Acerca de la autora

Indice del libro

Introducción   1

Capítulo 1:

La Raiz del Problema   7

¿Por qué la mayoria de la gente muere pobre?   15

Nuestra conducta con el dinero   25

Capítulo 2

¿Realmente deseas ser Rico y Feliz?   47

¿Qué me limita?   51

Motivados para el cambio   105

Soltando lastre   117

                  Capítulo 3

Aprendo a Invertir el Proceso   142

¿Por dónde empiezo?   149

Saliendo de la zona de confort   163

Heramientas y Material educativo   181

Bibliografía   187

Citas biográficas   189

Introducción

Hace unos meses atrás, me encontraba parapetada tras la mesa de mi despacho, donde paso consulta, esperando atender la próxima cita, cuando entró una señora de mediana edad, físicamente envejecida por disgustos y preocupaciones. Acudía para comentar que su marido, de 47 años (un marido y padre muy bueno, cuando no bebe) se negaba a entrar en la consulta para ser atendido, ya que consideraba que en poco le podíamos ayudar con su problema.

Podría haberme quedado en la seguridad de mi despacho, justificando mi actitud, indicándole a esa señora que hasta que no acudiera el mismo a la consulta, poco podíamos hacer para iniciar el tratamiento, pero no lo hice. La acompañé a la sala de espera, donde ambas comprobamos perplejas, que su esposo ya la había abandonado el edificio, dejando tras él un penetrante olor a alcohol en el ambiente de la sala.

Entre lágrimas la mujer me comunicó que lo habían perdido todo: tras 20 años de trabajo en una empresa de renombre, habían hecho una restructuración y su marido, arquitecto, se había visto en la calle de un día para otro; sin trabajo y sin salario y lo peor de todo, desmotivado.

A pesar de tener unos pequeños ahorros, haber buscado otro empleo, e intentarlo todo, no habían tenido suerte y el resto había venido rodado con el tiempo…

Me comentaba:"el alcohol es el menor de nuestros problemas.""...Si supiéramos cómo salir de ésta..." al fin y al cabo, un brick de vino de oferta del supermercado, era el recurso más barato de evasión a sus problemas de dinero- pensaba.

Me hizo pensar: ¿Cómo pretenden los directivos de marketing que nos preocupemos por el lanzamiento del coche con la tecnología más puntera o por la reunión de los más poderosos a través de la conferencia anual Bilderberg... o las disertaciones políticas de Oriente Medio, cuando la preocupación más inmediata la mayoría de las personas es PODER LLEGAR A FIN DE MES?

¿Sabías que el miedo a no llegar a final de mes es el más extendido?

Este temor únicamente respeta a los jóvenes que viven en casa de sus padres sin responsabilidades pero... la situación cambia cuando eres tú quien soporta el peso de la responsabilidad sobre tus hombros.

Disponer de una manutención necesaria y de flujo casi constante , para dar cobertura a aquellas necesidades percibidas , evitando las carencias tanto físicas como emocionales y encuadrarlas dentro de un marco de seguridad y estabilidad en tu vida diaria, especialmente cuando hay personas que dependen de ti , ES UNA TAREA MÁS QUE COMPLICADA para la mayoría de los mortales....

En ese momento sentí una frustración enorme. Estaba enojada conmigo misma ya que ¿cómo poder transmitir a esta señora, en unos segundos, todos el conocimiento práctico que he adquirido a lo largo de los años acerca del Dinero?

En ese momento lamenté enormemente no tener YA editado mi libro "Cómo hacerse rico ¡¡Ya!! ", postergando durante años todos los conocimientos que he ido adquiriendo a lo largo de mi aprendizaje acerca de nuestra relación con el dinero, y cómo implementar cambios en nuestras vidas de forma permanente que nos permitan mejorar nuestra situación financiera, y nuestra calidad de vida.

Hoy por hoy con este libro pretendo ofrecer conocimiento práctico, recursos y herramientas para producir el cambio.

Este libro va a cambiar muchas de tus creencias en relación con el dinero. No importa lo que le hayan contado hasta ahora. No importa si provienes de una familia humilde, una familia media o una familia rica. Si los problemas económicos te quitan el sueño, al nivel que sea, necesitas aprender un nuevo camino.

Este libro es para ti si:

- No quieres volver a perder el sueño a causa del Dinero.

- Deseas tener el control sobre tu futuro financiero.

- Sueñas con tener una Vida de Calidad junto a los tuyos donde no tengas que preocuparte NUNCA MÁS sobre cómo llegar a fin de mes .

Capítulo 1

La Raiz del Problema

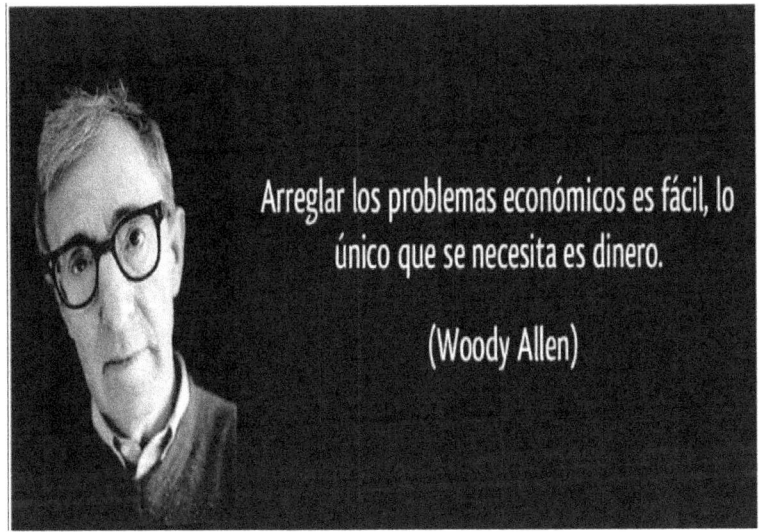

Arreglar los problemas económicos es fácil, lo único que se necesita es dinero.

(Woody Allen)

¿Realmente crees que sólo necesitas dinero para solucionar tus problemas económicos? ¿Entonces porque cuando lo tienes repites una y otra vez el patrón y vuelves a quedarte igual que estabas? Sigue leyendo este libro y te enseñaré qué es lo te separa de la riqueza y cómo puedes solucionarlo.

"Todo aquel descubrimiento que genere autonomía para el individuo será censurado y sus descubridores o inventores serán perseguidos, vilipendiados o suprimidos. Sólo se podrán admitir como válidos o publicar aquellos inventos o descubrimientos que no generen autonomía para el individuo, obligándole a ser dependiente."

Rafael Palacios

¿Cuántas veces de niño te dijeron: "de dinero no se habla en la mesa, que es de mala educación", o cuando entre compañeros de trabajo has querido consultar algún detalle acerca del salario de una persona y te has sentido - o lo que es peor te hicieron sentir - como si fuera tan desconsiderado como preguntar a una mujer madura su edad?

Vivimos en una economía que se lleva el 80% de cada nueva generación hacia una educación para obedecer órdenes y aceptar el aburrimiento, que ahoga su creatividad y sus capacidades, y las limita. Se encuentran sistemáticamente aplastados por un sistema que rellena huecos y el 80% de los huecos sólo requiere personas que sólo desarrollen una labor tediosa y repetitiva, a la cual se acaban acomodando para sobrevivir.

Partiendo de la base de que un gran porcentaje las personas no han tenido una educación en temas financieros en toda su vida, ni tan siquiera en su preparación académica durante sus años de escuela, que en las familias no se educa en hábitos financieros y que en la vida diaria el tema del dinero sigue siendo un tabú del que cuesta liberarnos, es fácil entender que (hoy por hoy) coexistan problemas en la gestión del dinero y en nuestra relación afectiva con el mismo, siendo nefasto el resultado y caro el precio a pagar: La escasez económica y la esclavitud a un trabajo que nos genera el jornal diario.

Para colmo de males, la educación que hemos recibido no ha participado a crear un ambiente adecuado para el crecimiento personal ni profesional, sino que en el fondo y en la forma, el estilo educativo que impera principalmente en los países desarrollados es en su origen de estilo prusiano, que crea mano de obra barata y leal para un mundo capitalista, y que no ha sufrido apenas modificaciones desde hace décadas.

¿Y esto que quiere decir?

Básicamente significa que el estilo educativo mediante el que se enseña a nuestros hijos se creó para proporcionar "soldados" de una era industrial en la que la mano de obra era fundamental y no interesaban los sindicalismos ni los derechos de los trabajadores, sino la explotación masiva de mano de obra en las fábricas, minas y trabajos duros y poco gratificados, personal laboral entrenado para seguir ordenes sin cuestionarlas mucho.

En este estilo educativo, se proporcionan no sólo las habilidades necesitadas en un mundo industrializado temprano (lectura, escritura, y aritmética en su forma elemental), para cubrir puestos de trabajo en el engranaje de una sociedad capitalista, sino también una educación determinante en la ética, deber, disciplina, y obediencia con el único fin de servir lealtad al sistema ,en el que no se educa a la persona para crecer a nivel individual ni para conseguir logros propios,sino para que se adapte al conjunto de la sociedad para el beneficio común.

Aula escolar en 1930.

Como bien indicaba el filósofo Johan Gottlieb

"Las escuelas debe formar a la persona, y lo forma de una manera tal que él no pueda querer simplemente de otra manera que usted, que es quien está al cargo, le desea a la voluntad."

Comprenderás que este estilo educativo al servicio del capitalismo industrial, lo que menos interesa es proporcionar conocimiento real de las reglas del dinero a nuestros niños, que no serán otros que los hombres del mañana de los que dependerá el mundo, pues la rentabilidad del sistema financiero actual para unos pocos elegidos, depende de gran parte de la falta de educación financiera de las masas. De esa forma el pastel está repartido entre los más poderosos y los demás solo consiguen las migajas.

Por desgracia esa es la educación que todos hemos recibido y que continúan recibiendo nuestros hijos, pues aunque sometido a ligeras variaciones, la base de la educación no ha sido corregida, pero desgraciadamente la vida si lo ha hecho, de forma que el obsoleto sistema educativo no está produciendo los resultados esperados y cada vez hay más niños y adolescentes frustrados y desmotivados sin objetivos en la vida y lo que es peor, habiendo sido desprovistos de su capacidad creativa y pensamientos emprendedores durante su etapa escolar.

Por otra parte La raiz o la fuente de los problemas económicos no radica en el dinero en si mismo, sino en el conjunto de malas actitudes, malas decisiones, malos hábitos y peores costumbres, deficiente gestión de nuestros recursos y pésima elección en la planificación y puesta en marcha de los procesos y herramientas que nos llevan a conseguir los objetivos que pretendemos y , como pilar fundamental del problema, la escasa, por no decir nula, educación financiera con la que crecemos y nos desarrollamos...

Si a esto añadimos la falta de oportunidades... La coctelera está servida.

Te preguntarás: con estos ingredientes...

¿Cómo puede alguien atreverse a soñar siquiera con ser rico?

La realidad es que no es únicamente una sola de estas razones son las que nos impiden tener una economía muy desahogada, sino la combinación de unas cuantas... ¡y algunas más!

Ser millonarios está dentro de nuestras posibilidades, pero debemos ir resolviendo los problemas que nos impiden convertirnos en uno huyendo de estos dos conceptos erróneos sobre la vida y el dinero (que tanta gente acepta en la actualidad):

- "Podría morirme mañana, así que mejor vivir al día".

Suena coherente, pero sólo esconde un cierto escapismo.

La realidad es que lo más probable es que no te mueras mañana, y que las facturas de la luz y el gas estarán esperándote en el buzón.

- "Compro, luego soy feliz".

En este caso la idea errónea (inculcada en el capitalismo consumista) de que ser capaz de comprar todo lo que quieras te llena por dentro.

Esto con terapia puede funcionar a corto plazo, pero a la larga es una mera distracción sobre las verdaderas fuentes de satisfacción, como por ejemplo, la seguridad de que un infortunio económico inesperado no podría arruinar tu vida ni la de los tuyos.

¿Por qué la mayoría de la gente muere pobre?

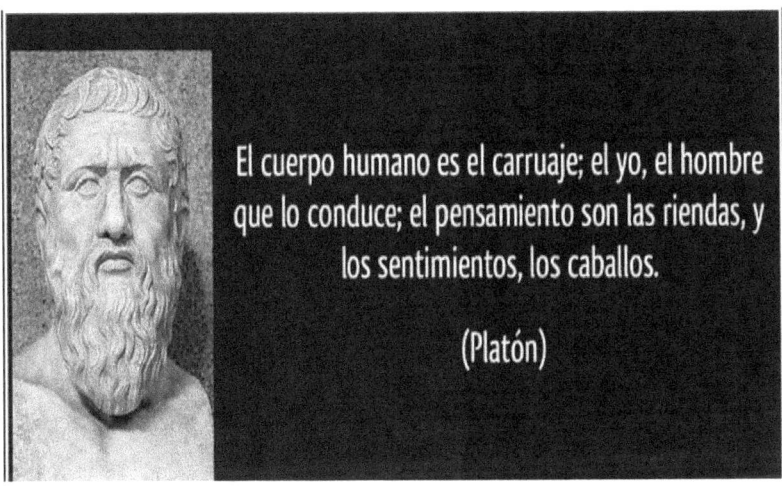

"*El cuerpo humano es el carruaje, el Yo, el hombre que lo conduce, El pensamiento son las riendas y lo sentimientos los caballos*"

Platón

Durante mi etapa estudiantil en secundaria (en mi país se llamaba Bachillerato) tuve mis primeros encuentros con la filosofía de Platón.

No pretendo enrollarme hablándote de filosofía clásica durante largo rato.

Sin embargo una de sus obras me ha impactado enormemente toda la vida, por lo explícito y lo adecuadamente que representa la situación actual de desconocimiento económico y financiero.

Me refiero a la conocida alegoría sobre "El mito de la caverna" que utiliza Platón en su libro "La República", que analiza la situación en la que se encuentra el hombre respecto al conocimiento supremo.

A mí me gusta extrapolarlo al conocimiento que la mayoría de los humanos cree poseer de economía y finanzas en el mundo, pues considero que ilustra muy bien lo que ocurre en la sociedad actual.

Básicamente Platón, a través de la alegoría del mito de la caverna, pretende explicar la existencia de dos mundos:

-El mundo de las sombras (El mundo que podemos conocer a través de la "realidad" que nos muestran los sentidos. (La realidad que creemos conocer a través de nuestros sentidos).

- Y el mundo de las ideas.

Ilustración que ejemplariza la lectura del mito de la caverna.

Este último es al que Platón considera la verdadera realidad, solo alcanzable mediante la razón y conocida solo por algún cautivo huido a los que ,no con dificultad, se les permite ascender desde la oscuridad de la caverna, hacia la luz del exterior, hacia el conocimiento verdadero, con el objetivo de tener acceso al conocimiento supremo... teniendo que regresar de nuevo al mundo de las sombras y para explicar a los prisioneros de la cueva que él ha conocido (visto) la realidad y que sus compañeros viven en un mundo irreal , en el mundo de las sombras.

Los prisioneros, no habiendo conocido otra realidad que la de lo que los sentidos le han dejado percibir entre las sombras de la caverna, es decir, una visión limitada y totalmente distorsionada de la realidad, se niegan a creer que exista otra, y al cautivo que regresa con la antorcha de la verdad le toman por un loco y se ríen de él, incluso le amenazan con matarle si pretende liberarles o les incita a huir hacia una realidad que consideran que no existe y prefieren mantenerse en la oscuridad de la caverna, en la seguridad de lo conocido.

Como bien reza el dicho:

> **No es más ciego el que no ve**
>
> **sino el que no quiere ver**
>
> **más allá de lo evidente…**

La lectura del mito de la caverna es fundamental para comprender la realidad actual respecto al dinero, créeme si te digo que el conocimiento que tenemos del mundo, su desarrollo y su evolución, la realidad que vivimos, las reglas por las que nos movemos y nos han educado a la inmensa mayoría de la gente y que creemos verdaderas, dista mucho de la las reglas que rigen el mundo a nivel global, político, empresarial y económico actual.

Simplemente, nosotros somos los cautivos actuales de la cueva a los que nos han enmascarado la realidad, nos han limitado los recursos educativos, motivacionales y volitivos para que funcionemos productivamente en un mundo a favor de unos pocos privilegiados -no siempre los más ricos, sino lo más poderosos.

Somos cautivos de un estilo de vida que no nos da la oportunidad de crecer y avanzar, que no fue creado para nuestro beneficio y en el que nosotros sólo somos la mano de obra y herramienta productiva de unos pocos que sustentan el poder.

Los poderosos o "manos fuertes" (aquellos que dominan el mundo, que conocen las verdaderas reglas que lo rigen respecto al dinero- pues ellos las han creado - y que han maquillado la realidad utilizándolas para sus propios intereses) han creado un entramado social y financiero de tal calibre, una cultura de actitud proletaria, y una psicología de masas (a través de la educación, los medios de comunicación y de la religión) en la que el crecimiento personal desmedido a nivel financiero esté asociado a una sensación de inmoralidad, y culpa -a fin de hacerte sentir mal contigo mismo y que no avances- pues ligaron muy bien la idea de corrupción, arrogancia, soberbia, avaricia, codicia, e inmoralidad hacia y para con los demás con el fin de que nadie pretenda aspirar a más de lo que posee y continúe trabajando para el engranaje establecido.

Como ves todo este entramado esta orquestado con el fin de que solo unos pocos puedan beneficiarse del reparto de la riqueza, pues evidentemente de otro modo pondrían en peligro su situación de dominancia global.

Los poderosos no tienen en absoluto la intención de ceder su hegemonía a las masas, para lo cual utilizan todos sus recursos a fin de mantenernos contentos, felices y entretenidos en la ignorancia a través de los medios, la educación y la cultura; O cautivos de nuestros miedos y temores, a través de la religión, o de la deuda.

Mediante los medios de comunicación intentan acrecentar nuestros miedos, inseguridades e ignorancia para que así no nos atrevamos a crecer, sin saber que existe una realidad más allá de la que vemos y conocemos.

Para ellos, no somos más que piezas de un tablero de ajedrez (el mundo) a los que mover a su antojo.

Es como si tú pretendieras jugar a un partido de futbol americano contra un equipo de profesionales cuando nadie se ha molestado en explicarte las más elementales reglas del juego. (O por contra te facilitaron los conocimientos equivocados).

¿Realmente crees que tendrías alguna posibilidad de ganar? Permíteme creer que no muchas.

"Sino fuera por el futbol y por el reinado estaríamos muy aburridos..

pensando en nuestros problemas".

El concepto de riqueza o abundancia financiera no es equiparable a ser millonario, sino más bien disponer de una libertad financiera que nos permita despreocuparnos de problemas económicos, y no tener que trabajar para vivir (que no quiere decir que se deje de trabajar, sino que se hace porque se quiere y no porque se necesita para poder comer o subsistir).

Para acceder a esta libertad financiera lo importante es el modo de tratar el dinero en el día a día, disponer de una actitud y una mentalidad enfocada a la abundancia, anular o reducir en lo posible nuestros condicionantes mentales que nos guían hacia la escasez y disponer de unos recursos educativos acerca de las finanzas no necesariamente excesivos, pero si suficientes para poder implementar estrategias y planes enfocados a conseguir el éxito financieros.

A lo largo de este libro iremos profundizando sobre nuestras capacidades y aprendiendo a utilizar los recursos que harán la diferencia entre nuestro presente y un futuro exitoso.

Nuestra conducta con el dinero

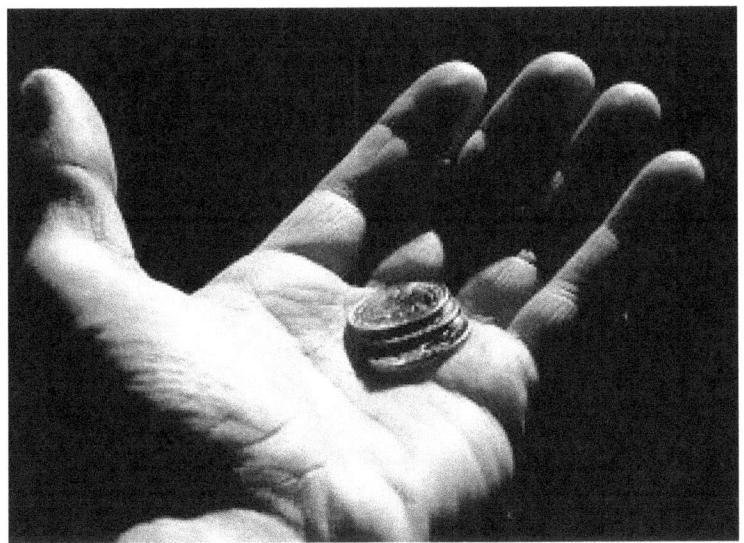

"Cuando hay padecimiento es porque no hay comprensión de lo que se está viviendo por lo tanto no se aprende, entonces se va a repetir el conflicto tantas veces como sea necesario hasta resolverlo".

Como hemos podido comprobar lo largo de esta obra, nuestra conducta con el dinero (incluso nuestra relación emocional con el mismo) es el resultado de múltiples factores causales tanto a nivel psico-emocional como cultural, social, biológico, etc.

Los hábitos, nuestras vivencias y patrones de conductas aprendidas en un mundo en el que la cultura tiene gran importancia son - en la mayoría de las ocasiones- determinantes y modulan nuestro aprendizaje y nuestra relación con el dinero.

Partamos de la base que

EL DINERO NO ES

NI BUENO NI MALO

El dinero , un trozo de papel o metal no es más que una esencia, un concepto o idea, una energía que fluye, que se materializa en forma física a través de de la impresión de papel o la acuñación de una moneda.

Sin embargo esta herramienta generada como intercambio entre las personas no tiene la facultad por si mismo de realizar acciones humanas y mucho menos de generar emociones humanas como la codicia, la avaricia, la compulsión, etc. Ya que solo los humanos generan ese tipo de actitud.

El dinero físico como tal nunca podrá ser el responsable de las acciones humanas adscritas al uso, abuso o su adicción.

Tan solo los humanos lo son.

El dinero está en todos nuestros actos.

Es común identificar al dinero como la causa de todos nuestros males, así es frecuente escuchar :

"El dinero le cambio el carácter"

ó

"Mató por dinero"

ó

"Robó por dinero"

En los medios de comunicación frecuentemente nos crean asociaciones entre el dinero y adscripciones negativas sobre la persona.

En las películas los ricos y poderos se exhiben como superficiales, arrogantes, soberbios, egoístas e interesados y ambiciosos.

Sin embargo la imagen del pobre se ofrece distinta, humilde, entregado:

"Era pobre y de buen corazón"

"Era muy trabajador y una bella persona,

pero no tuvo suerte"

La realidad es que hay hombres buenos y hombres malos en cualquier conglomerado de la sociedad y que el dinero tan solo potencia los rasgos del carácter previo de la persona, no los facilita ni es la causa de los mismos ,sino que el dinero no es más que una herramienta más al servicio de quien la posea.

Recuerda

El dinero tan solo potencia

los rasgos del carácter previo de la persona

no los facilita ni es la causa de los mismos

Evidentemente una persona que sea dominante, ambiciosa y con necesidad de poder, utilizara todos los recursos a los que tenga acceso -incluido el dinero- para dominar a sus iguales. El dinero tan sólo le dará la facultad de generar más recursos para ejercer más poder sobre el prójimo.

Por el contrario, quien se caracterice por su solidaridad y espiritualidad, será probable que utilice ese recurso para beneficiar al grupo más que a sí mismo. En este caso el dinero potenciara un rasgo de su carácter positivo.

Sin embargo lo que debemos tener muy en cuenta es que la relación con el dinero lo manejan nuestros mandatos mentales, en especial el miedo. Los conflictos con el dinero son una resultante, son un indicador de que hay algún problema a otro nivel.

Generalmente los mismos conflictos que vivimos a nivel material se reflejan en nuestro mundo emocional (esto se activa a nivel inconsciente).

Por ejemplo, cuando se produce un temor este genera inseguridad.

Para afrontarlo se crean exigencias que el individuo debe cumplir para mejorar la situación; Si no se cumplen se provocan (en la mayoría de las ocasiones de forma inconsciente) una serie de críticas, castigo, y otro tipo de actitudes de índole auto-destructiva que minan nuestra autoestima.

En base a ese auto castigo pueden aparecer relaciones más allá de las financieras; Me refiero a la relación emocional que derivará en diferentes tipos de relación con el dinero.

Entre otras:

- ❖ Adicción al dinero

- ❖ Adición al éxito (económico)

- ❖ Compulsión por las compras

- ❖ Desinterés absoluto por el dinero

- ❖ Avaricia

- ❖ Despilfarro

- ❖ Y pobreza

Repito:

La mayoría de estos juegos mentales son inconscientes, por tanto la persona no es consciente del tipo de asociación que está siendo instaurada en su mente.

Recuerda:

No siempre se conoce el sabotaje mental causante del patrón de conducta que nos impide avanzar y alcanzar nuestras metas financieras.

Lo que no escapa nuestra percepción son los rasgos personales que poseen la mayoría de las personas y que limitan su crecimiento hacia la libertad financiera y hacia la riqueza.

Tu relación con el dinero según tu personalidad

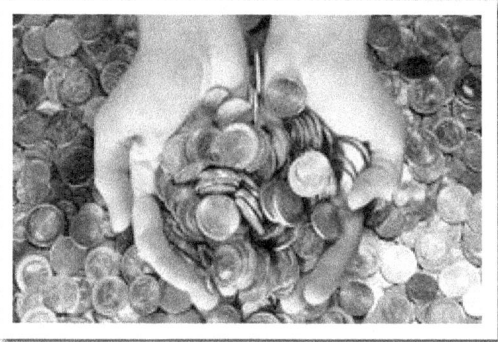

Es fácil distinguir varios tipos de conductas relacionadas con el dinero según la personalidad del individuo.

La personalidad avara

El avaro teme no controlar las circunstancias que le rodean y le producen miedo.

Se refugia en el dinero; considera que este le da seguridad, (tanto cuanto más dinero posea) y suele pensar negativamente haciendo acopio de dinero "por si vienen maldades".

Con este tipo de pensamientos crea a su alrededor un malestar continuo (ya que el miedo se retroalimenta siempre).Tanto cada vez este temor sea mayor, mayor será su avaricia.

Las personas ávaras, a pesar de las grandes fortunas que pueden llegar a amasar, siguen viviendo de forma miserable.

Esperan conseguir esa seguridad y fuerza en el dinero y no comprenden que algo externo (como es el acumulo de riqueza) no modificará sus rasgos internos condicionados por un tipo de patrón mental.

Son personas incapaces de disfrutar de lo que poseen. Debe entender que por más dinero que tengan, su sensación de inseguridad no cambia a menos que trabaje para ello.

Cuando se busca la riqueza a través de estados emocionales negativos, como puede ser el miedo o la inseguridad, lo que se genera es un estado mayor de energía acorde con la energía que se utilizó inicialmente, que lo único que atrae es un aumento de lo mismo -estados emocionales de miedo e inseguridad- y que impulsa a seguir con la conducta ávara, así se retroalimenta y se entra en un círculo vicioso.

El derrochador

En el caso de la persona que derrocha el dinero, (sería lo antagónico a la avaricia) también existe un patrón emocional instaurado.

Bien por experiencia previa con personas de su entorno de tipo avaro o restrictivo del que extrajeron el pensamiento que en base su avaricia o excesiva restricción, no pudieron disfrutar de una vida plena y por tanto huyen de cualquier actitud hacia el dinero que les lleva a creer que de comportarse de igual manera ellos también serán infelices.

Por tanto su conducta será el de una persona derrochadora que no logra retener riqueza y gasta más de lo debe, llegando a su destrucción a nivel material conscientemente y sin poder evitarlo.

En otras ocasiones esto también se produce tras la experiencia de algún familiar cercano privado de placeres a causa de restringir estas estrechamente su economía para planes futuros que no pudieron llevarse a cabo a causa de su muerte o un golpe de mala suerte.

En este caso se genera la idea de que el disfrutar aquí y ahora es lo que prima.

En este patrón también existe una respuesta emocional, ya que a nivel inconsciente tiene el mismo miedo, solo que lo expresa por el polo opuesto.

La persona derrochadora tiende a expresar conductas en las que se demuestra una "falta de responsabilidad", que no es más que una forma de bloqueo que le impide ver de antemano las consecuencias de sus actos, (y que aunque los viera, no puede evitar el accionar dicha conducta a nivel inconsciente pero con resultados en la vida real)

La pobreza como mecanismo de defensa

No siempre la pobreza es el resultado de las circunstancias económicas adversas.

En ocasiones la pobreza es un mecanismo de defensa de patrones mentales que están en el inconsciente; en este caso no sólo se notaría a nivel material, sino también a nivel emocional y en su patrón de conductas.

Personas que

❖ Generalmente se sienten desvalorizadas

❖ Con una constante sensación de no poder o no servir para algo

❖ A nivel afectivo se sienten faltas de afecto.

❖ Suelen considerar que no merecen lo que poseen

❖ Se exigen a si mismos un sacrificio físico constante para compensar esa falta de sensación de valía como una suerte de auto-castigo.

❖ Llegan a convencerse de que nada bueno le puede pasar, o que "lo bueno dura poco" con lo que genera vivir siempre en una larga lista de carencias a las que determina como normales.

A partir de esta creencia el inconsciente instaura el patrón que les provocara vivir en la pobreza.

Es por eso que

Una buena base para generar riqueza

es hacer crecer nuestro valor

como persona y nuestra autoestima

El dinero como pasaporte para un estatus social o gratificación

Por último hay personas que confunden riqueza con poseer artículos determinados a fin de cumplir un rol social o como gratificación.

Tienen la idea de comprar algo para gratificarse o mejorar su status social, pero lo hacen desde una activación emocional, no controlada para cubrir una necesidad no real, sino emotiva.

De manera que una vez adquirido el producto tienen una sensación de haber perdido el control, se sienten culpables por no haber podido controlar el impulso y quedan impedidos de disfrutar todo lo que han comprado.

En este tipo de persona se instaura un patrón de conducta compulsiva que puede crear una adicción, (derivando incluso en la figura de un comprador compulsivo o una ludopatía).

Una de las cosas que hay que tener más claro es que las conductas compulsivas son inconscientes, si bien hay un conocimiento consciente de los hechos, se tiene la sensación de no poder controlarlas.

De hecho es así, ya que el verdadero motor es la necesidad de dañarse que generan las culpas.

Y que los actos tienen características de hábitos, funcionan como actos mecánicos "involuntarios" de los cuales no se tiene registro en el momento de efectuarlos.

Así que

El primer trabajo a realizar

está en hacer conscientes todos los hábitos...

Capítulo 2

¿Realmente deseas ser Rico y Feliz?

¡Todo el dinero y la vida que uno pueda desear!
Las dos cosas que la mayor parte de los seres
humanos elegirían! El problema es que los
humanos tienen el don de elegir precisamente las
cosas que son peores para ellos

(J. K. Rowling)

"No importa cuánto desees ser rico,

si lo que hay en tu mente subconsciente es pobreza

eso es lo que manifestarás en tu realidad".

El Secreto.

Ahora vamos a hablar de la verdadera libertad

Imagínate por un momento que harías cada día de tu vida si no tuvieras que preocuparte por ganar dinero.

Para ello quiero que te concentres, por un momento en cómo sería tu vida si no tuvieras que preocuparte nunca más por problemas de dinero, es más, si no tuvieras que preocuparte ni un instante por ganar dinero, por tu economía y por los factores externos que derivan de ella.

Podrías pasar más tiempo con tu familia, con tus amigos, haciendo lo que te gusta y en el momento que lo desees.

Imagina por un momento

Fíjate en algo: Si nuestra vida manifestara lo que hay en nuestra mente consciente todos seríamos ricos, hermosos, saludables, ¿no?

¿Entonces cuál es la clave?

> **Manifestamos lo que hay en**
>
> **nuestra mente subconsciente**

Primeramente debemos escrudiñar en nuestro pasado para descubrir que tipo de relación tenemos con el dinero, es decir, debemos ser conscientes de cuál ha sido nuestra actitud hacia el dinero cuando este ha entrado a formar parte de nuestra vida, que sensación se ha despertado en nosotros, que emoción se ha producido en nuestro interior y derivado de ello el comportamiento que hemos desarrollado en aquellas situaciones en la que nos hemos enfrentado tanto a la escasez de dinero como a la abundancia.

Por otra parte indagaremos nuestra actitud personal cuando nos hemos encontrado faltos de él así como cuando nos ha sobrado.

De esta manera podemos encontrar facetas emocionales en torno al dinero que ni sospechábamos.

Las más habituales:

❖ Obsesión con el dinero

❖ Adicción por el dinero

❖ Adicción a la idea de ser ricos

❖ Otras.

¿Qué me limita?

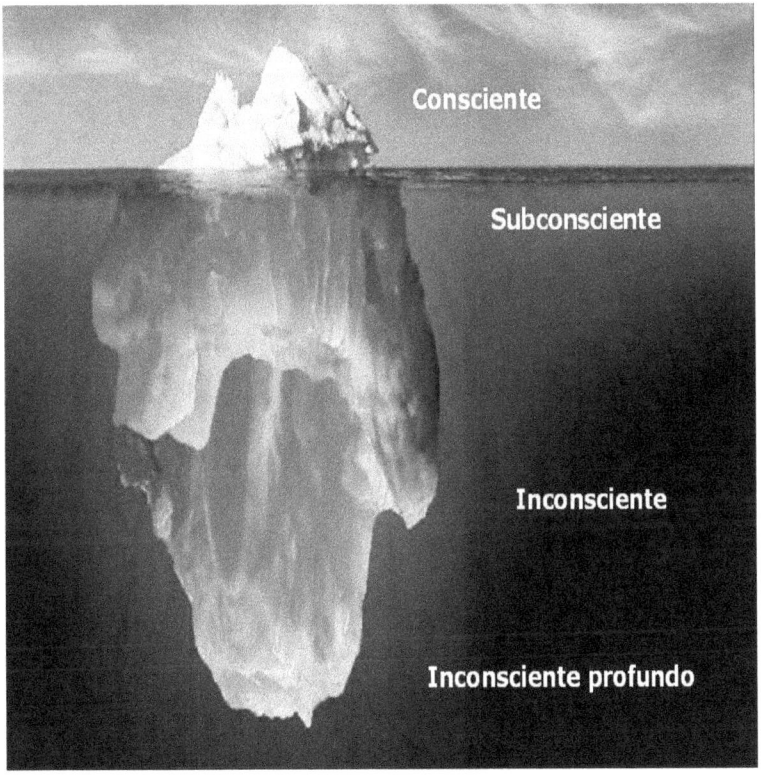

"Hasta que lo inconsciente se haga consciente, el subconsciente seguirá dirigiendo tu vida y tú lo llamarás destino".

Joe Vitale

Lo que vivimos y especialmente la forma en la que lo percibimos influyen notablemente en el desarrollo de futuras conductas para la consecución de nuestros objetivos.

De esta manera la vivencia subjetiva determina incluso las actividades que escogemos realizar siendo la elección de una u otra alternativa la que abra el camino hacia nuestro futuro.

¿Pero qué es lo que determina nuestra realidad?

Aunque es algo que nos cueste admitir

La realidad no es nada más

que el producto de nuestra percepción interna

Con ello quiero decir que una misma realidad presentada a un grupo es distinta para cada persona, ya que depende de la percección que cada individuo realice de los acontecimientos.

Siendo estos acontecimientos determinados entre otros muchos factores por

- ❖ La percepción del individuo

- ❖ Sus expectativas

- ❖ Sus creencias internas

- ❖ Sus circunstancias externas

- ❖ Su proceso de atención selectiva enfocado a dicha realidad determinada, en ocasiones, por las vivencias generadas en experiencias anteriores.

De esta manera la misma realidad puede tener diferentes significados para quien la experimenta.

Para que no sea más fácil entender este concepto os contaré una sencilla historia que ilustra lo dicho...

La semana pasada acudí un seminario en el que se hablaba de optimismo e ilusión como motores para una vida plena (Por cierto fue un seminario altamente productivo).

En un momento del seminario el ponente invitó a analizar un video que nos introducía en el contexto de la "Percepción de la realidad distorsionada".

Nos informaba que la realidad como tal no existe de forma integrada sino que para cada individuo se genera una realidad distinta y distorsionada que refleja, entre otros factores, su estado interior de ánimo, sus creencias, sus expectativas, y donde tiene anclado su foco de atención y que esto era en ocasiones el subproducto de su propio cerebro inconsciente.

Este video o su variante (que probablemente podréis encontrar en cualquier buscador de la red) consistía en la escenificación de un juego de pelota entre dos equipos diferentes, unos ataviados con ropas en blanco y otros en negro.

En un momento dado nuestro interlocutor nos dio la orden de atender únicamente al número de veces que el equipo blanco tenía o cambiaba de manos la pelota dentro del propio equipo.

El ejercicio se realizaba con las personas en movimiento de forma que a medida que fue transcurriendo el video nos resultaba cada vez más difícil hacer el seguimiento de la pelota.

Todo nuestro empeño se centraba en enfocarnos en la misma con el fin de conseguir acertar y no equivocarnos.

Una vez finalizado el video, el conferencista nos preguntó cuál era el número de veces correcto en que el equipo blanco había tenido en sus manos la pelota.

¡Y ahí es cuando realmente empezaron a surgir discrepancias, acorde a las diferentes percepciones en las que habíamos incurrido cada uno de nosotros!

Unos nos habíamos enfocado únicamente en las ocasiones en las que la pelota se traspasaba de manos.

Otros (más perceptivos) habían contabilizado también las ocasiones en las que la misma persona había hecho rebotar la pelota en el suelo antes de lanzarla a sus compañeros.

El caso es que para ninguno de nosotros la percepción de la realidad había sido la misma.

De repente se oyó una voz en el foro, curiosamente de una persona que ni siquiera había estado centrado en la tarea, ya que había entrado en la sala una vez iniciado el ejercicio, que realizó una pregunta un tanto extraña:

¿Es que nadie ha visto el mono?

La mayoría de nosotros quedamos perplejos y rápidamente dirigimos nuestra mirada hacia el individuo que había hablado y nuevamente hacia el ponente para comprobar que en realidad a él la pregunta no le había resultado tan absurda.

Estábamos anonadados.

Se oyó un rumor en la sala y comenzamos a mirarnos unos a otros preguntándonos si era posible que se nos hubiera pasado algo por alto a pesar de lo concentrados que habíamos estado en el video.

Nuevamente dirigimos nuestras miradas hacia nuestro ponente para escuchar su explicación lógica al respecto.

Este únicamente nos dijo que todo nuestro foco de atención emocional había sido modulado mediante órdenes, para observar sólo aquello en lo que teníamos interés, es decir, únicamente para percibir el número de ocasiones en que la pelota cambiaba de manos o era sostenida por algún miembro del equipo blanco, por lo tanto nuestra realidad era que únicamente habíamos percibido aquello para lo que emocionalmente estábamos expectantes de ver, obviando cualquier otra realidad que nos distrajera de nuestro foco de atención sobre dicha expectativa.

Dicho esto únicamente reprodujo una vez más el video en cuestión.

Es fácil perderse de vista algo que no buscas

Imaginaos cual sería nuestra sorpresa, cuando comprobamos que no sólo había surgido la imagen de un mono en la escena, sino lo más sorprendente fue el mono no era tal, sino que la supuesta figura del mono se correspondía a un miembro del equipo de casi dos metros de altura, disfrazado de orangután, el cual había caminado lentamente entre los dos equipos mientras estos jugaban, se había situado en el centro del juego, saludando ora un lado ,ora al otro, haciendo dos monigotadas, y posteriormente había salido atravesando toda la escena de derecha a izquierda tan tranquilo como había entrado.

¡Y no lo habíamos visto!

Extrapolado todo esto a la realidad que vivimos cada uno de nosotros respecto al dinero podemos entender porque a pesar de que nuestras conductas sean conducentes a la mejora económica, nuestras acciones no se lleven a cabo teniendo en cuenta toda la realidad absoluta sino tan sólo sobre la parte que percibimos y por tanto sería absurdo esperar que los resultados fueran globales.

Esto, evidentemente, puede hacernos fracasar en todos o la mayoría nuestros proyectos.

Cuando la percepción no es global

la acción consecuente tampoco lo será

.

Evidentemente no existe sólo una causa que nos haga permanecer en la escasez financiera. Dicho resultado es el producto de la interrelación de factores de diversa índole tanto a nivel personal como social, educativo y cultural.

No debemos olvidar tampoco los patrones de conducta, nuestras creencias y hábitos respecto al dinero, fuertemente arraigados, y que hemos ido adquiriendo a lo largo de nuestro desarrollo desde la niñez hasta la edad adulta.

Motivación

¿EN QUÉ ESCALÓN ESTÁS COLOCADO HOY?

"Cuando somos más grandes que lo que hacemos, nada puede desequilibrarnos, pero cuando permitimos que las cosas sean más grandes que nosotros, nuestro desequilibrio está garantizado."

Luis Espinoza

Podemos destacar la motivación de la persona, entendiendo por ella el grado de esfuerzo y la intensidad en el que el individuo intenta realizar la conducta.

En ella influirá

❖ La capacidad personal que tenga una persona para realizar una determinada acción que nos lleve al éxito. Es decir la habilidad ya sea física (energía suficiente) o psicológica (fortaleza mental, autoestima, perseverancia).

❖ Los factores externos al individuo:

- La dificultad de la tarea

- Aquellos derivados del factor suerte-azar

- Otros.

En este punto es importante tener en cuenta los casos en los que exista una carencia de metas motivacionales y trabajar sobre ello.

Estudiaremos como afectan a tu relación con el dinero los siguientes aspectos:

- ❖ *Los Rasgos de personalidad.*

- ❖ *Las Creencias*

- ❖ *La Educación*

- ❖ Los Hábitos.

- ❖ *Los Pensamientos*

- ❖ *Los Sentimientos*

- ❖ *Las Emociones*

Rasgos de personalidad

Según los rasgos de personalidad que destaquen en una persona, encontraremos diferencias en la forma en que dos individuos pueden afrontar una tarea para lograr el éxito financiero.

Así habrá :

I. Quienes al tener más desarrollada su necesidad de logro y puntuar alto en rasgos motivacionales elegirán tareas de dificultad intermedia o difícil y las abordarán como si se tratase de retos a alcanzar, su aptitud hacia el logro será más positiva y por tanto tendrán mayores posibilidades de mantener la motivación y el esfuerzo hasta conseguir el éxito.

Serán sus rasgos característicos:

- Fortaleza mental
- Alta estima de sus propios recursos
- Otros.

II. Aquellos que no puntúan alto en estos rasgos evitarán las tareas donde la probabilidad de éxito está en un nivel intermedio y les resultará más complicado conseguir el éxito.

Serán sus rasgos característicos:

-   Baja confianza en sus posibilidades de logro

-   Baja estima de sus propias capacidades personales

-   Nivel de motivación bajo

Es más, algunos ni siquiera se molestarán en tomar la iniciativa para producir el cambio, ya que considerarán que el fracaso, en cualquier caso, les estará acechando a la vuelta de la esquina.

Y créeme, si lo piensan, evidentemente, así ocurrirá ya que siquiera se tomaron el tiempo para plantearse la creencias de que fuera posible.

No conseguir objetivos financieros duraderos dependerá mucho de aquello a lo que atribuyamos la causa de nuestros fracasos anteriores y por ende también afectará al desarrollo de nuevas estrategias hasta conseguir el objetivo económico final.

El esfuerzo no será el mismo si atribuimos el fracaso a nuestra falta de capacidad, que si lo atribuimos al poco tiempo dedicado, o a la falta de recursos.

Explicar esto en términos financieros a veces es complicado, pero vamos a extrapolarlo a algo común como los estudios, para que entendáis más fácilmente la forma en que funciona nuestra mente y cómo puede limitar nuestro desarrollo hacia el éxito financiero

- Jane suspende un examen y posteriormente aumenta el tiempo que dedica al estudio de la materia suspendida.

  En esta situación suponemos que Jane siempre aprueba pero esta vez, otros con experiencia académica similar han aprobado y ella no.

  Desde el momento en que sólo le ha pasado a ella, el resultado generará que atribuya el resultado a causas personales y como el resultado no es habitual, serán inestables.

  Así, la explicación del suspenso en términos de bajo esfuerzo o poco tiempo dedicado al estudio.

Esta causa sería interna e inestable, pero también controlable. Puesto que se puede controlar, experimenta culpa.

Las altas expectativas de éxito futuro, junto con la esperanza y la culpa, la llevan a superar sus sentimientos de tristeza y como resultado retomar de nuevo la meta con la motivación de rendir mejor en el siguiente examen.

- Mary suspende un examen y decide abandonar los estudios. Suponemos que ya ha suspendido otros exámenes, mientras que otros aprobaban.

Así, las atribuciones serán a sí misma, falta de capacidad, causa interna, estable e incontrolable.

Como la causa es interna, su autoestima se verá seriamente afectada.

Al ser una causa estable anticipará fracasos futuros y perderá la esperanza.
Y dado que es algo que no controla, se sentirá avergonzada (aumentando su percepción de incompetencia personal).

En esta situación de logro, Mary tendrá una baja expectativa de éxito futuro, bajará su autoestima, perderá la esperanza y se sentirá avergonzada.

En ambas situaciones se experimenta un resultado negativo, que provoca reacciones afectivas, relacionadas con el resultado, de tristeza y frustración. A su vez, se investiga para tratar de entender por qué no se ha conseguido la meta deseada.

Como podéis observar

> **La forma en que trabaja nuestra mente afecta a todas las áreas de nuestra vida no sólo las económicas**

Sin embargo, una vez conocidas, podemos cambiarlas, ya que el cambio de cogniciones cambiará las conductas y, más concretamente, las adscripciones causales desadaptadas ante el fracaso.

Así, por ejemplo, la causa más desadaptativa ante el fracaso es la falta de capacidad, por su carácter estable e incontrolable (ejemplo anterior Mary).

En la terapia se trataría de sustituir esta causa de falta de capacidad (que desmotivaría al individuo) por falta de esfuerzo, (también interna, pero inestable y controlable

(Jane)), generándose un distinto afrontamiento de las situaciones futuras.

La creencia de que conseguir el éxito dependerá de nuestro esfuerzo personal y no que sea el resultado de nuestra falta de capacidad, hará que el individuo puede afrontar la tarea de forma más asertiva y eficaz, utilizando mayor número de estrategias y perseverando en la tarea.

Creencias

Estas creencias arraigadas hacen que nuestras acciones se desarrollen en la forma en la que no crearemos abundancia y prosperidad, sino que irán encaminadas a retener y a controlar el desarrollo natural del dinero y que por ende nos programan para una conciencia basada en la escasez y no nos permitirán progresar hacia la riqueza.

En ocasiones, incluso siendo consciente de lo erróneas de estas creencias (o no estando en absoluto de acuerdo con ellas) somos incapaces de desprogramar nuestra mente pues se han instaurado fuertemente en nosotros (como mensajes subliminales dentro de nuestra mente inconsciente).

Todos las hemos oído frecuentemente desde pequeños. Hemos crecido con ellas.

Frases como:

- ❖ " No tires el dinero, con lo que cuesta ganarlo"

- ❖ "Tu padres está harto de trabajar de sol a sol para que a ti no te falte nada"

- ❖ "No tengo dinero"

- ❖ "Tan pronto cobro, el dinero se acaba"

- ❖ "Sin dinero no soy nadie"

- ❖ "El dinero corrompe"

- ❖ "El dinero se va a acabar y me quedaré sin nada"

- ❖ "Cuando el dinero desaparece por la puerta, el amor vuela por la ventana"

- ❖ "Apaga las luces, que cuestan dinero"

- ❖ "Guarda para cuando vengan maldades"

Por otra parte…

Somos más perceptivos a percibir aquello que está

en consonancia con nuestras creencias

y nuestro estado de ánimo

Esto es fácil de percibir cuando adquieres un vehículo de una determinada marca y modelo, y cuando sales del concesionario alabando las bondades de tu coche te encuentras con otros vehículos iguales al tuyo, a pesar que previo a tu decisión de adquirirlo, probablemente apenas hubieras visto ninguno.

Al ser mas perceptivos en consonancia a nuestra creencia de escasez, no nos resulta complicado afianzar aún más estas creencias encontrando a nuestro alrededor circunstancias acordes con las mismas , estímulos que acaban condicionando nuestra conducta y que hacen que estas acaben formando hábitos y rutinas que nos lleven, una y otra vez hacia la escasez, en lugar de la abundancia.

En estos casos no es difícil que aparezcan resistencias inconscientes a triunfar en los negocios y, como consecuencia, los negocios no rinden todo lo que se esperaba de ellos.

Se puede incluso sentir vergüenza por ganar mucho dinero, o asustarse ante un crecimiento rápido que no podemos controlar y abandonar justo cuando se está cercano el éxito...

Analicemos algunas de ellas:

- ❖ La creencia basada en que *"el dinero se acaba"* es un miedo originado por la miseria y el hambre que pasaron nuestros familiares-padres, abuelos- en un periodo de sus vidas.

Es muy característico en personas que crecieron y vivieron durante la guerra o después de ella, en periodos de gran escasez, o hijos que se han creado en ambientes muy restrictivos respecto al dinero.

En estas personas se puede observar en que en cada ocasión que se les presenta hacen acopio de víveres , cachivaches inservibles, herramientas y retales que guardan útiles en cajones, garajes, armarios y altillos.

Útiles de los que se resisten a pesar de que ya no se usan, incluso se reciclan una y otra vez.

Este tipo de personas constantemente se preocupan por ahorrar energía apagando las luces y útiles eléctricos, en definitiva bloqueando la posibilidad de gasto de dinero para asegurarse el futuro.

Respecto al dinero estas personas y su entorno son muy propensas a guardar cada moneda.

Esta creencia produce miedo a dar y gastar, y crea situaciones de angustia cuando no controlan cada céntimo, de hecho es frecuente que no se permitan gastar en ellos mismos, ni hacerse regalos a si mismo, y es característico que cada vez que se recibe un extra o el salario y se pagan las factures, se sufren ataques de angustia pensando que no se llegará con lo que queda para fin de mes.

Con exactitud lo que se trasmite el cerebro es sensación de inestabilidad, inseguridad hacia el futuro, así como la idea de que no confiamos en estar lo suficientemente preparados para generar los recursos necesarios en el futuro y subsistir con seguridad.

Es decir, transmitimos a nuestro interior la falta de valía propia, la carencia de valentía y el optimismo necesario de creer en nosotros mismos como desarrolladores de nuestro de nuestro éxito futuro, de forma que éste no se lleva a cabo, puesto que nosotros mismos boicotearemos en numerosas ocasiones cualquier actitud conducente al cambio.

En definitiva se vive en una paranoia en la que se cree que "el dinero se va a acabar y me voy a quedar sin nada" y se crea la necesidad de ser tacaño hacia sí mismo y hacia los demás.

EVIDENTEMENTE ESTA ES UNA MALA COMBINACIÓN MENTAL PARA CONSEGUIR EL ÉXITO FINANCIERO.

En posteriores capítulos te indicaré cómo podemos cambiar ese patrón mental y conductual por otro más adaptativo hacia nuestros fines, utilizando unas sencillas pautas de programación neurolingüística acompañadas al mismo tiempo de recursos conductuales que provocaran que no llevemos a cabo las conductas aprendidas que bloquean nuestro ascenso al éxito.

❖ La creencia de que

"El dinero es malo porque corrompe a las personas".

Ocurre cuando consideramos que el dinero, el éxito o el acumulo de riqueza corrompe a las personas (o se tiene la creencia que el dinero cambia a las personas y las vuelve arrogantes, soberbias, egoístas, interesadas, o maléficas, entre otras características) Está basado en la creencia de que poseer dinero deshumaniza y que es injusto ser rico mientras haya tanta pobreza en el mundo.

Ante este tipo de creencias o pensamiento irracional se siente culpabilidad soterrada.

Se puede caer en un permanente estado de tristeza y depresión, pues por una parte de desea avanzar hacia la abundancia financiera, pero por otro lado, cuando esta empieza a aparecer, se siente que "fallamos" a los demás si nos enfocamos en conseguir nuestra propia felicidad y no el bienestar común.

Esta creencia a menudo acaba con la moralidad de la persona y atrae hacia la delincuencia y la corrupción, ya que con el fin de enriquecerse y poder evitar la disonancia cognitiva que le representa, la persona intentará relativizar y justificar el delito.

Esto ocurre por la asociación de los siguientes conceptos:

Deseo de dinero

Sentimiento de deshumanización y corrupción

Aceptación del rol

Permiso para cometer delitos y corrupción.

Por otra parte cuando se cree que el dinero cambia a la persona y la vuelve menos aceptada socialmente (arrogante, soberbia, egoísta, interesada, maléfica, etc) la misma persona con su actitud -aun a nivel inconsciente- así como con sus acciones, acabará provocando malos resultados en las inversiones financieras.

Bien porque creemos que algo demasiado bueno debe ser corrupto o bien porque cuando estas despegan, se activan mensajes inconscientes que nos bloquean e impiden tomar decisiones adecuadas para crear abundancia.

Por lo que solemos sacar la inversión por miedo a perderla o para liquidar deudas o para gastarla y volvemos a empezar de cero una y otra vez, sin llegar a ningún lado.

En ocasiones afecta a ricos que viven como si fueran pobres porque su inconsciente no les permite disfrutar de su éxito de forma que ellos mismos boicotean sus proyectos una y otra vez, saboteando sus ideas y acciones consciente o inconscientemente.

Es decir, si existe una disonancia cognitiva en tal sentido o entre lo que tu quieres y en cómo actúas simplemente el resultado será catastrófico y finalmente te llevara a situaciones en las que no te permitan crecer, con el fin de no destacar del medio en que se rodean.

En estos casos suele coexistir en la persona una gran necesidad de aceptación y de pertenecía al grupo de iguales y eso por lo que en el fondo no desea destacar (tampoco a nivel financiero) si con ello se abre una brecha en la aceptación de esa persona por parte del grupo al que pertenece.

Como cambiar
los patrones mentales

Educación

Tenemos una educación que despliega mucha mala conciencia en relación con la riqueza.

Riqueza es autoafirmación, búsqueda de sí mismo, valoración del deseo y la excitación propia, despliegue del entusiasmo.

Nuestra educación tiende a valorar más bien, desde una posición demasiado moralista, actitudes de renuncia y hasta de fracaso, considerando indigno al sujeto capaz de vivir una vida rica.

La única riqueza bien vista es la de un espíritu vacío de mundo, lo que es siempre en definitiva una expresión de infelicidad, por más meritoria que pueda presentarse.

Trasmitiéndose esa educación desde pequeños, queda anulada la posibilidad de ser creativos, luchadores y de soñar con un mundo superior que para aquel en el que hemos sido concebidos.

 Se nos educa, tanto formal como religiosamente, desde la base del servicio a los demás, la lealtad, la entrega cívica y social y la devolución de lo aprendido en nuestra educación formal a través de nuestro desempeño laboral para beneficio de la sociedad, y por otra parte se nos inculca la idea del dinero como algo sucio, cuando existe en abundancia y que provoca corrupción, soberbia y necedad y por tanto algo no adecuado para gentes de "buena fe".

Por otra parte, para una persona que se haya criado en un ambiente religioso, será muy difícil llegar a obtener abundancia económica sin sentir dualidad emocional respecto al dinero, sentimientos de culpabilidad de restricción, y de castigo son habituales en el caso del cristianismo, aunque también se da en otras religiones.

La educación negativa de índole religiosa respecto al dinero procede en parte de una mala interpretación de las enseñanzas de los líderes espirituales sobre los ricos. Se piensa que los ricos se condenarán. Ello provoca que se desee el dinero porque se le necesita, pero uno se odia a sí mismo por ello. Es más, provoca tal estado de dualidad emocional que se puede incluso sentir vergüenza por ganar mucho dinero.

Otro aprendizaje con base religiosa se fundamenta en la frase bíblica:

"Te ganarás el pan con el sudor de tu frente"

Y en otra más popular que dice:

" Dios aprieta, pero no ahoga"

Es muy típico recordar a los hijos lo que cuesta ganar el dinero cada vez que ellos piden algo que consideramos superfluo. Este concepto crea el hábito de luchar y de sacrificarse mucho para ganar todo el dinero que se necesita.

En este caso se vive con la angustia de no tener suficiente. Con demasiada frecuencia las cuentas bancarias se encuentran en números rojos. No se puede llegar a fin de mes con un sobrante y provoca una imposibilidad para ahorrar.

También es importante destacar que durante nuestra educación formal no nos explican qué es el dinero, cómo funciona la economía mundial, el sistema bancario actual, los recursos utilizables para generar riqueza y cómo aplicarlos y mucho menos la base de todo éxito financiero:

La base de todo éxito financiero radica en

comprender la diferencia entre:

"Trabajar para conseguir tu dinero"

O

"Poner tu dinero a trabajar para ti"

Es decir distinguir la diferencia entre

ingreso activos e ingresos pasivos

y aplicarla a tu favor.

A este respecto existe una enorme diferencia entre la educación financiera recibida por los ricos, la clase media y la clase pobre.

- ❖ Los ricos: Educación financiera extensa y sin tabúes sobre el dinero y la riqueza. (Les enseñan desde pequeños a crear activos que les generen ingresos pasivos recurrentes y les educan para dirigir.

- ❖ La clase media: Educación financiera escasa y controvertida.(manipulación por los medios para que tengan consumo capitalista asociado a deuda)

- ❖ Los pobres: Educación financiera prácticamente nula(y además manipulación por los medios de comunicación para que continúen ignorantes financieramente).

La educación que recibe cada grupo es tan diferenciada que parece que ambas clases vivieran en mundos totalmente distintos y en realidad, es así.

Vamos a intentar ahondar algo más en este aspecto.

Relación entre la clase rica y el dinero:

- Para ellos el dinero no es un tabú como para la clase media y pobre.

- No se sienten incómodos al hablar de sus posesiones, de dinero y de proyectos futuros.

- No sienten culpabilidad por la posición que ocupan en la sociedad ni tampoco por lo que poseen, ni se imaginan proyectando una imagen de arrogancia.

- Frecuentemente hablan de economía y cierran tratos comerciales en el ámbito familiar cotidiano: comidas, reuniones de amigos y periodos de ocio como algo normal.

- No se sienten incómodos por su riqueza y se dan permiso para disfrutarla sin sentir culpa por ello, ni pudor.

- Por supuesto no ven el dinero como algo con connotaciones negativas, es decir, no consideran que el dinero les haga cambia, sino que creen firmemente que el dinero solo potencia aquellos rasgos de personalidad que ya existían en la propia persona, es decir, aquel que de base fuera corrupto , potenciara esos rasgos característicos de su personalidad que le llevaron a la corrupción y cuando su riqueza le dé la oportunidad de tener más poder para manipular su entorno lo hará, mientras que aquel cuyos rasgos fueran de bondad y compromiso serán más solidarios .

En ocasiones el concepto de solidaridad de los ricos no sólo se observa en donaciones a fundaciones de moda, sino también , aunque sea paradójico, en la creación de negocios.

Originar puestos de trabajo (aunque les genere beneficios personales) es una forma de devolver a la sociedad la gratitud por la abundancia obtenida, produciendo trabajos que generen bienestar en otros a través de un salario y una estabilidad laboral.

Aunque la mayoría del planeta pueda considerarlos capitalistas en realidad están generando riqueza para un país y sus ciudadanos al permitir su desarrollo.

- En general, los ricos no boicotean sus propias posibilidades de obtener abundancia financiera, algo que los demás suelen hacer muy frecuentemente.

- En su mayoría tienen creencias acerca de que existen multitud de recursos y abundancia en la tierra disponible para todos aquellos que quieran alcanzarla y la interpretación religiosa que suelen hacer respecto al dinero - aquellos que la aplican- es que Dios quiere que seamos prósperos y abundantes en todos los conceptos, incluido el material.

- Y algo FUNDAMENTAL: hacen una gran distinción entre los dos tipos de ingresos que puede tener una persona: el ingreso activo y el ingreso pasivo.

Así el ingreso que procede del propio esfuerzo y trabajo personal (ejemplo de un empleado asalariado que trabaja a cambio de dinero) sería un tipo de ingreso activo.

Mientras que el ingreso que proviene de recursos como vehículos de inversión o negocios que autogeneran dinero, es decir, aquel dinero que les llega sin necesidad de intercambiar su tiempo de trabajo personal por dinero, sería ingreso pasivo.

Los ricos suelen preferir con gran frecuencia este segundo tipo de ingreso, por razones obvias.

Es lo que se conoce como la frase

Que el dinero trabaje para ti

en lugar de trabajar tú por el dinero

Y que en definitiva es la piedra angular de la generación de riqueza.

❖ Los ricos, en general, creen que el ahorro clásico en un banco es perder el potencial de crecimiento que tiene el dinero y prefieren invertirlo o multiplicarlo antes de tenerlo parado en una entidad , para ello no invierten a ciegas, sino que investigan, indagan aprenden y finalmente ponen en movimiento su dinero con riesgos controlados , mientras que los pobres tienen miedo a "arriesgar", miedo a perder lo poco que tienen y por ende no avanzan, no mueven ficha, y bloquean el potencial de crecimiento de su dinero en bancos en los que habitualmente el dinero con el paso del tiempo pierde su valor, ya que la inflación anual en su país suele ser mayor que los rendimientos producidos por el depósito.

Esto es a grandes rasgos, lo que caracteriza la actitud general de los ricos respecto al dinero y la riqueza.

Muy diferente a las creencias acerca del dinero con las que hemos crecido, o nos han educado y que estamos acostumbrados a creer como verdaderas. ¿Verdad?

Ahora vamos a analizar algo más práctico:

Los Hábitos.

Analizaremos qué hacen los ricos (que no hacen los pobres y la clase media) el día de paga y que marca la diferencia entre unos y otros.

El día que obrero recibe su cheque, además de no perder tiempo en acudir a la tienda más cercana para adquirir comida zapatos y ropa necesarias para su subsistencia, y pagar sus facturas si es posible, utiliza el dinero para comprar lo que podríamos llamar "útiles que en realidad no lo son", es decir cosas baratas que no son necesarias para vivir pero que hacen que nuestra vida parezca mucho más agradable de lo que en sí es.

 Por ejemplo podemos ver personas que se dedican a adquirir productos inservibles en tiendas de todo a cien, productos que únicamente rellenan huecos en las estanterías de las paredes de su casa y que rápidamente se rompen o deterioran, que apenas tienen utilidad pero que ellos consideran necesarios para demostrar mejor calidad de vida como la compra de figuritas, moda, herramienta a veces tan inútiles como aquellas para dar brillo a los tornillos de las puertas, tres fundas para el mismo móvil y cuatro abalorios para colgarlos de la pared.

Hasta que se acaba su presupuesto. Así un mes tras otro. Y vuelta a empezar.

¡Así difícilmente podremos conseguir el éxito!

En el día de paga la clase media, considerándose mejor situación que la clase pobre, desea disfrutar de aquellos productos que considera le ofrecen un bienestar y la calidad de vida para sí mismo y su familia y que refleja a la sociedad el poder adquisitivo al que ha conseguido acceder, por tanto lo que adquiere son obligaciones o pasivos

¿A qué me refiero con esto?

La clase media compra artículos podrían considerarse de lujo tales como coches, embarcaciones, tecnología de última generación, segundas residencias, deportivos, paquetes vacacionales con el fin de reafirmar su inclusión en un determinado estatus social.

Como su salario no es suficiente para realizar el pago en efectivo tienden a utilizar créditos personales y tarjetas. Con ello lo que realmente están adquiriendo es la obligación de pagar cuotas, utilizando su salario para cubrir la compra de pasivos que no hace más que "sacar dinero de su bolsillo".

Habitualmente la imagen que da la clase media es de disfrutar de una magnífica calidad de vida y de bienestar, pero esto es irreal.

En la mayoría de las ocasiones llega un momento que estos pasivos son superiores a sus ingresos -los cuales sólo dependen de su trabajo personal- y no tienen otra opción que continuar trabajando arduamente , buscar un segundo trabajo o solicitar un nuevo crédito con el fin de cubrir los préstamos y las obligaciones las que han incurrido, haciéndose esclavos de un sistema capitalista que difícilmente les permitirá conducirse hacia el éxito.

Ello es debido a que con el paso del tiempo la única vía de ingresos (que son ellos mismos) se verá disminuidas sus capacidades y por tanto el rendimiento laboral será menor y por ende, repercutirá en menores ingresos. Es entonces, si no ha conseguido modificar dicho planteamiento, cuando sobreviene la pobreza, que generalmente se produce cuando la persona abandona su actividad laboral con la jubilación o por un golpe de suerte y no ha encontrado otro medio para generar ingresos.

Por el contrario

¿Qué hacen los ricos?

Los ricos el día de paga adquieren activos, especialmente negocios que generan renta "inercial".

Vamos a explicarlo un poco mejor:

❖ El día que los ricos reciben sus ingresos estos NO lo utilizan en pagar sus obligaciones prioritariamente.

❖ Sus obligaciones o deudas son pagadas de las rentas resultantes de sus inversiones.

❖ Los ricos se enfocan en crear múltiples fuentes de ingresos y en adquirir conocimientos, productos, servicios, negocios o inversiones que les hagan cada vez más ricos.Es decir, activos (que son aquellos recursos que hacen que ingreses más dinero, por ejemplo los rendimientos producidos por un negocio del que son dueños o en el que participan , la rentabilidad de un fondo de inversión, las regalías y plusvalías de un producto o una propiedad industrial como puede ser el caso de un libro, entre otros). que les generen una nueva fuente de ingresos adicional, de manera que así incrementarán continuamente su columna de activos.

❖ Los ricos se enfocan en incrementar su patrimonio continuamente a través de la reinversión en aquellos productos que generan más dinero y las rentas resultantes de estas inversiones, en lugar de gastarlas o agotarlas, vuelven a reinvertirlas en nuevos o iguales proyectos, creando múltiples fuentes de ingresos, con el objetivo de generar rentas constantes y continuadas, que no dependa de su esfuerzo físico ni del tiempo de dedicación al trabajo que realicen, sino que por sí mismos den rendimientos e incrementen su riqueza.

Cuanto mayor número de fuentes de ingresos pasivos
posean más aumentará su riqueza financiera

A esto es lo que se conoce como

Hacer que el dinero trabaje para ti

en lugar de trabajar tú por el dinero

y

La plantación de múltiples arbolitos que den fruto

a partir de los frutos de la primera semilla plantada

Esta es la base y la fundamentación de la creación de la riqueza económica duradera.

Entonces pensarás que bastará con implementar este tipo de cambio en tu actitud para conseguir la riqueza ¿no?

Pues lamento desilusionarte al decirte que no es así.

Ten cuenta que durante muchos años no solamente has adquirido el hábito de los pobres o la clase media, sino que además has desarrollado determinados patrones de conductas mentales secundarios a creencias pensamientos internos, basados en la escasez no sólo financiera, sino también respecto a tus limitaciones personales y autoestima, de forma que habrá de reprogramar conscientemente tu mundo inconsciente para que - a través de fortalecer tus raíces mentales internas- el árbol de la abundancia puede dar sus frutos.

Así como respecto tus acciones, desarrollar las estrategias y planificación adecuada para que tu ilusión de riqueza se puede convertir en una realidad que puedas tocar.

DECISIONES FINANCIERAS DE LOS INDIVIDUOS

ACTIVOS (riqueza)   PASIVOS (deudas)

CAPITAL NETO = ACTIVOS - PASIVOS

95

Pensamientos

No hay ninguna duda de que el pensamiento es creativo y de que todo lo que ocurre en tu vida lo has pensado y lo piensas, ya sea consciente o inconscientemente.

Nuestra infancia se desarrolla en ambientes donde los pensamientos acerca del dinero no siempre son acertados, y en un gran porcentaje no sólo erróneo sino negativo acerca del dinero y que dificultan vivir en la abundancia.

Algunos de los pensamientos negativos erróneos que la mayoría de las personas tienen sobre el dinero y que dificultan vivir en la abundancia son, entre otros:

❖ El dinero se acaba

❖ El dinero no es espiritual

❖ El dinero corrompe

❖ El dinero cuesta ganarlo

❖ Todo tiene un precio

❖ El dinero da seguridad

❖ Sin el dinero no sería nadie

❖ Sin ostentaciones de poder y de lujo nadie me daría valor

Estos pensamientos nos convierten en autómatas teledirigidos por la conciencia de la escasez por tanto será nuestra obligación, sin deseamos provocar el cambio y mejorar, desterrarlos de nuestra mente.

Ello lo haremos impulsando el crecimiento de la Conciencia de la Abundancia, que es la responsable de la prosperidad material. En sucesivos capítulos te diré cómo.

Sentimientos

¿Qué me pasa con él?

¿Por que me hace sentir culpable?

Lo deseo pero le tengo miedo

Cuando lo alcanzo lo pierdo

Lo tengo y me desaparece de las manos

¿Y si tener mucho dinero me cambia?

¿Como soy realmente con respecto al dinero?

Debemos analizar nuestras emociones respecto al dinero, qué significa para nosotros, si tenemos una mentalidad de escasez o de abundancia, si tenemos prejuicios acerca del dinero o de quienes lo poseen…

Para sanear nuestra economía y logra un control total sobre nuestras finanzas personales debemos identificar cómo nuestros pensamientos y sentimientos afectan nuestra relación con el dinero e influyen en nuestra actitud económica.

Es muy posible que no seamos consciente de todos los pensamientos y sentimientos que nos provoca el dinero, la mayoría son pensamientos muy arraigados, que nos han acompañado desde nuestra infancia y que han llegado a formar parte de nuestro bagaje emocional, proyectándolo hacia el exterior y creando nuestra realidad a partir de lo que pensamos.

Podríamos decir que

La relación que se tiene con el dinero

es una expresión directa del sentido de la vida personal

❖ ¿Qué puede un individuo frente a la riqueza que lo rodea?

❖ ¿Puede aceptarla?

❖ ¿Participar de su existencia?

❖ ¿Queda marginado?

❖ ¿O la denuncia como si fuera siempre ilegítima?

A través del dinero puede expresarse el temor, las sensaciones de inseguridad o inadecuación, la neurosis, la capacidad, el deseo de estar bien, muchas cosas...

Emociones

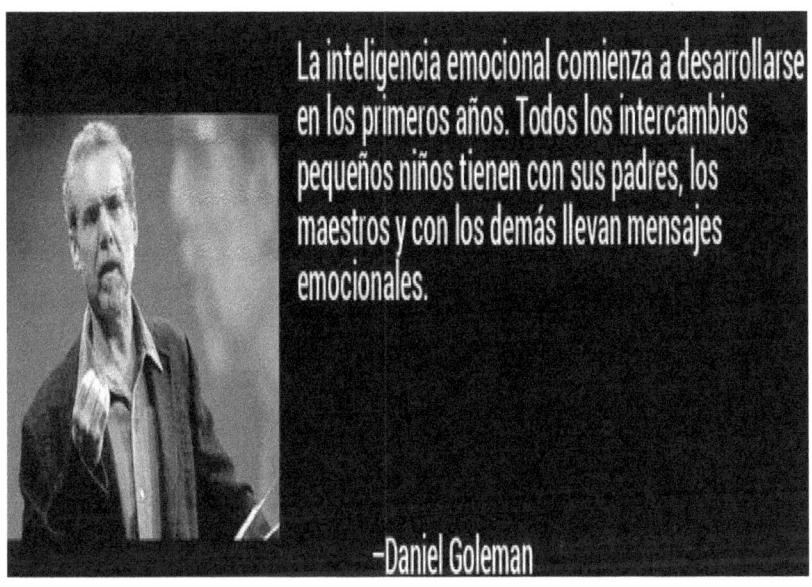

La inteligencia emocional comienza a desarrollarse en los primeros años. Todos los intercambios pequeños niños tienen con sus padres, los maestros y con los demás llevan mensajes emocionales.

–Daniel Goleman

"En realidad, el dinero, solo sirve para comprar emociones y estados de ánimo"

En ocasiones compramos cosas por el hecho de sentir la emoción que tenemos asociada a la adquisición de ese producto o luchamos por perseguir una meta sin darnos cuenta de que detrás de esa meta lo que buscamos es satisfacer una necesidad emocional que tenemos asociada a la misma, no la meta en si.

Se me ocurre para ejemplarizar este concepto preguntar a una persona cuanto le gustaría ganar o que le gustaría conseguir de aquí a 3 años.

Alguno me diría 1.000.000 dólares, casa, coche, vacaciones, cursos, proyectos, etc.

Ahora te pregunto:

- ¿Qué es lo que realmente quisieras obtener con todo ello?

- ¿A que dedicarías tu tiempo ganado, lo logrado o el dinero conseguido?

- ¿Qué harías?

Y comprenderías que en el fondo lo que buscas con conseguir al mejorar tu economía es pasar más tiempo con los tuyos, tener más tiempo libre para ti, sentir que puedes darte algún capricho sin preocupaciones ni pensar en el dinero…

Esto es lo que ocurre en ocasiones cuando compramos de forma impulsiva por emoción un producto que en ocasiones ni necesitamos, simplemente porque habíamos asociado un estado emocional o de bienestar a la adquisición de ese producto.

Una vez conseguido ese logro, que en ocasiones nos lleva toda una vida, nos damos cuenta que no es necesario, pierde el valor o el interés para nosotros, puesto que realmente aquello que queríamos obtener, la emoción y la sensación asociada, no la hemos conseguido con la compra del producto o con el logro de nuestros objetivos financieros.

Por ello

Es sumamente importante que no sólo definamos

Las metas financieras que queremos alcanzar

Sino que tengamos claro las emociones que

Realmente perseguimos con la consecución de estas

Ya que éstas serán

El pilar importante de motivación y valor

Que nos guíen

Hacia la consecución de las mismas

Motivados para el cambio

"NUNCA DEJES QUE NADIE TE DIGA QUE NO PUEDES HACER ALGO. NI SIQUIERA YO, ¿OK? SI TIENES UN SUEÑO, TIENES QUE PROTEGERLO. LAS PERSONAS QUE NO SON CAPACES DE HACER ALGO TE DIRÁN QUE TÚ TAMPOCO PUEDES. SI QUIERES ALGO VE POR ELLO Y PUNTO"
—En Busca De La felicidad

Fotograma de la película "En busca de la Felicidad" Will Smith.

No importa lo que digan de ti... Lo que los demás esperan de ti pueden convertirte en una cárcel, digan lo que digan de mí yo soy el que soy.

Luis Espinoza

Antes de que la mejora económica se manifieste en nuestras vidas es necesario haber creado en nuestro interior una conciencia de éxito, una creencia cierta de que ese cambio se puede producir.

Es más aunque aparentemente no se reflejen aún los cambios en nuestro exterior, éstos ya se están produciendo en nuestro interior.

En nuestro interior hemos creado la diferencia, el punto de inflexión, al tomar conciencia clara de que aquello que habíamos aprendido -a través del modelaje paterno-familiar y de nuestras experiencias pasadas con el dinero, con las que hemos crecido y nos hemos desarrollado y que hoy por hoy conforman nuestra realidad inmediata- no es el patrón de conducta adecuado que nos llevará e a tener una relación saludable con el dinero y mucho menos exitosa, en la actualidad.

Esta forma inadecuada y tan habitual de ver y reaccionar ante el dinero no nos sirve, nos paraliza, bloquea nuestro desarrollo, ahoga nuestro potencial y nos desvincula de aquello que anhelamos. Por tanto debemos desecharlo, creando en su lugar un patrón de conducta mucho más acorde a las reglas que rigen el flujo del dinero , y por ende, un hábito más eficiente y productivo para lograr los intereses que nos hemos creado : el ser económicamente libres y el aprender a solucionar para siempre nuestros problemas de dinero .

Te preguntarás:

Vale, muy bonito, yo ya sé que hay que cambiar pero…

¿Cómo lo hago?

¿Por donde empiezo?

Te recomiendo que cojas un papel y lápiz y tomes nota de lo que viene a continuación, pues es uno de los pilares fundamentales de nuestro cambio:

Crear un estado mental en el que confíes que el camino hacia el éxito sea posible.

Aunque te resulte extraño déjame decirte que, lo menos importante es averiguar cómo se hace, cómo se logra el cambio y la libertad financiera.

¿Extraño verdad?

La mayoría de la gente, cuando tiene un problema económico suele poner su mente a trabajar en contestar las siguientes preguntas:

- ❖ ¿Cómo lo soluciono?

- ❖ ¿Dónde puedo conseguir un préstamo?

- ❖ ¿Dónde puedo acudir a pedir un trabajo?

- ❖ ¿Cómo me duplico para tener tiempo para todo con sólo 24 horas al día?

O bien me he quedado sin trabajo

- ❖ ¿Cómo se lo digo a mujer y mis hijos?

- ❖ ¿Cómo pago mis facturas?,

- ❖ ¿Cómo llego a fin de mes?...

Se centran en qué deben hacer: las acciones que deben llevar a cabo para conseguir sus fines o metas.

Sin embargo son muy pocas las personas que conocen y muchas menos las que aún conociéndolo lo ponen en práctica.

El hecho fundamental es que:

Para que algo produzca realmente resultados

debemos crear un estado mental interior

previo a tomar acción

Y posteriormente poner en marcha las herramientas que luego vas a ejecutar, en el que previamente ya has recorrido el proceso, y te visualizas viviendo esa realidad, creyendo realmente que es posible y que puedes lograrlo.

Y ahora pregúntate:

- ❖ ¿Eres tú el tipo de persona que, antes de empezar a tomar acción?

- ❖ ¿Crees realmente que puedes conseguirlo?

- ❖ ¿Eres del tipo de persona que visualizándote en una vida en la que has resuelto para siempre tus problemas con el dinero?

❖ ¿En la que tu mayor preocupación es elegir el color del coche que vas a conducir hoy o si te pondrás los pendientes de diamantes o zafiros para la comida con la élite del club?

O simplemente, ¿Dónde escogerás estar hoy al atardecer?

Y volviendo a tu realidad actual:

❖ ¿Confías ciegamente que aquello que te planteas lo lograrás?

❖ ¿O por el contrario perteneces al grupo mayoritario de aquellos que anhelan y luchan por conseguir el éxito y comienzan a tomar acción sin un propósito definido, sin un plan establecido, y sin una motivación plena?

Comprometidos con el éxito comienzan a buscan un segundo trabajo, hacen llamadas a sus contactos, inician negocios, invierten en cualquier cosa que huela a dinero….

Todo ello sin previamente haberse preparado mentalmente para crear esa realidad en su interior, sin potenciar la creencia ciega que es posible, y de que lo lograrán.

Lamento decirte que, por más acciones que implementes en tu vida para cambiar una realidad, si estas no están sustentadas previamente por una conciencia de éxito en la que tu tengas la certeza de que es posible y real ese cambio, estos no se producirán.

Seré más concreta:

Mientras no tengas como base de tus proyectos un estado mental en el que hayas desarrollado ciertamente la creencia de que puedes conseguir el objetivo que pretendes, que creas sinceramente que pueden conseguir ese objetivo, este permanecerá tan solo en un nivel de deseo, únicamente un deseo de cambio.

Es riqueza no se materializará por más actuaciones que lleves a cabo pues tu mismo estas boicoteando con tu mentalidad ese proceso de éxito al interferir en tu creación de la realidad.

Ello es debido a que en tu fuero interno aún dudas de que realmente puedes lograrlo y por tanto sólo estarás intentándolo sin conseguirlo.

Lamento comunicarte que el éxito no llega por casualidad ni por ciencia infusa, sino que sigue un proceso estructurado donde el primer paso es implementar esa idea, esa posibilidad en tu mente y posteriormente planificar los pasos adecuados para alcanzarlo.

Insisto en decir que estamos perdiendo el tiempo en tomar acción sin una base mental previa, la creación interior y la certeza de que podemos tener éxito en lo que deseamos son fundamentales y sin eso estamos perdidos. Pues eso será el motor de nuestro posterior desarrollo para producir el cambio.

Sin embargo esto que te he contado no debe desanimarte, puesto que

> **Cualquier persona puede aprender a auto-motivarse**
>
> **a conseguir ser el motor de su propio cambio.**

A veces se nos olvida algo tan sencillo como el pensamiento

> **"Si otros lo han logrado yo también puedo"**

Ninguna persona es perfecta y no deja de cometer errores, y sin embargo algunos consiguen grandes logros.

¿Cuál es la diferencia?

Créeme, casi nunca es la suerte. Normalmente lo es la persistencia después de los errores.

Hay muchos casos de personas a las que un golpe de suerte ha hecho ricos, sin embargo, no estando preparadas para el cambio, patrones erróneos profundamente arraigados de su

112

conducta respecto al dinero provocan que al cabo de unos meses o años, no sólo hayan mermado su riqueza , sino dilapidado su patrimonio y sean aún más infelices que antes.

Como nosotros no queremos que nos pase eso, sino lo que perseguimos es el bienestar, la tranquilidad y la seguridad que puede proporcionarnos el dinero, que nos permitirá por ende, al no tener que cambiar imperativamente nuestro tiempo de trabajo por dinero, disponer de nuestro tiempo para disfrutarlo en aquello que si nos produce felicidad, pues vamos a empezar por el principio: preparándonos por dentro, para disponer de un bienestar y una libertad y estabilidad financiera duradera.

Si revisamos la biografía de la mayoría de las personas que han logrado sus objetivos financieros no lo obtuvieron por herencia, o por un golpe de suerte y fortuna, algunos, los que menos, por un acuerdo matrimonial o por nacer en una familia acaudalada, pero

---

La inmensa mayoría de los mortales han logrado sus objetivos financieros porque creyeron firmemente que era posible, y se pusieron en marcha...

- Concretaron sus metas y objetivos, valorando sus recursos y necesidades

- De acuerdo con las motivaciones e intereses establecieron la meta que deseaban conseguir

- Se arriesgaron

- A pesar del miedo al fracaso tomaron acción

- Pusieron en marcha estrategias que planificaron previamente para conseguir sus objetivos

- Y muy especialmente, porque perseveraron.

Se logra el éxito porque en un momento dado de tu vida crees firmemente que puede hacerse, que es posible un cambio en tu vida y desarrollas la conciencia de éxito necesaria para fortalecer tu impulso.

Implementas los cambios necesarios, manteniéndolos en el tiempo hasta lograr tu objetivo, a pesar de que ello suponga que debes armarte de paciencia, capacitarse , auto-motivarse y creer en ti aún cuando a su alrededor otros no crean en tus proyectos o critiquen tus métodos ,equivocarse y caer, y volver a levantarse para seguir intentándolo, aprendiendo de tus propios errores   y sobre todo ser disciplinados y perseverantes, es decir la persistencia que pongamos en conseguir nuestros logros, unidos a la motivación y fe ciega en que podremos conseguirlo unido a ser constantes y disciplinados en un método será la clave de nuestro ÉXITO.

Esto no quiere decir que sea arduo y duro el camino, en la mayoría de las ocasiones, una vez hechos las modificaciones oportunas, si nos mantenemos enfocados y no nos distraemos, los cambios son extremadamente rápidos y en la mayoría de las ocasiones espectaculares.

Luego sólo queda mantener el rumbo y el ritmo… hasta alcanzar nuestra libertad financiera.

Soltando lastre

Todo lo que somos lo somos por nuestros pensamientos. Y
con nuestros pensamientos, construimos nuestro mundo."

Buddha

Psicoterapia especializada en ejercicios de respiración y visualización creativa.

Ilustración: meditación respiración y visualización creativa.

En este aparatado desarrollaremos algunas técnicas y prácticas que nos ayudaran, en primer lugar, a soltar lastre con aquello que nos esclaviza a una vida de escasez y en segundo lugar, a recomponer nuestro pasado para ejercitar el presente con vistas a obtener en el futuro una verdadera libertad financiera.

Las técnicas aquí expuestas no son las únicas que existen para tal fin, sin embargo considero que son técnicas sencillas de realizar por personas sin especialización académica para ello, gente común y corriente, que podrá comprobar por si mismo, tras su aplicación, espectaculares cambios.

Es por ello que las considero dignas de mención en mi obra.

Partimos de la base de que ninguna meta se puede lograr en plenitud si la persona primero no se libera de sus miedos, bloqueos y limitaciones.

En primer lugar vamos a hacernos eco y tomar consciencia de lo que nos oprime y emocionalmente no nos permite avanzar, y para ello vamos a soltar lastre sobre nuestras limitaciones personales, especialmente las mas limitantes y arraigadas: las mentales y emocionales que son las que, como hemos visto, nos impiden lograr un estado de bienestar, y nos hace sentir malestar hacia el mundo y hacia nosotros mismos.

Como ya hemos visto a lo largo de esta obra, nuestra realidad proyecta en la mayoría de las ocasiones la forma física de aquello en que nos centramos y en lo que creemos, (ya tengamos o no consciencia real de ellas).

Estas creencias pueden estar arraigadas en nuestro cerebro consciente o inconsciente, sin embargo de igual manera, nos limitan.

Se podría decir abiertamente que somos lo que pensamos.

Nuestros pensamientos conscientes e inconscientes configuran cómo seremos en nuestra forma de vida y somos nosotros los auténticos creadores de nuestros pensamientos.

Y por tanto en cierta parte, responsables de lo que nos sucede.

La buena noticia es que podemos cambiar todos los pensamientos negativos que limitan nuestra vida y nuestro crecimiento.

Existen múltiples métodos para llevar a cabo ese proceso, múltiples filosofías, y técnicas psicológicas, en este caso vamos a poner en marcha una técnica denominada rebirthing entre otras, por su sencillez y extremada simplicidad respecto a los resultados tan espectaculares que produce.

Esta técnica descubierta por Leonard Orr en Estados Unidos en las décadas de 1960 y 1970. Es un método que, además de ser efectivo y poderoso, es suave, natural y seguro.

Esta técnica se basa fundamentalmente en ejercicios físicos de respiración consciente (la persona dirige su respiración) y conectada (sin interrupción entre exhalación e inhalación).

El propósito primario de la respiración consciente no es el movimiento de aire, sino el movimiento de la energía consciente y enfocada en el presente y en técnicas de pensamiento creativo. (Implementando afirmaciones)

Pero ¿qué son las afirmaciones?

Una parte importante y poderosa de tu proceso de sanación será a través de afirmaciones. Las afirmaciones no son solo frases lindas elegidas al azar, sino que expresan la verdad que se oculta detrás de los pensamientos negativos y ayudan a sacar a la superficie sentimientos de resistencia y creencias limitantes.

Si bien no es fácil controlar nuestros pensamientos, debemos ir observando su calidad a medida que estos van surgiendo y transformarlos usando un lenguaje de posibilidades. Para cambiar los pensamientos es que utilizaremos las afirmaciones.

Una afirmación es un pensamiento positivo que elijo introducir en mi mente de manera consciente, para obtener un resultado deseado. Las afirmaciones sirven para cualquier área y se trabajan para cambiar creencias. El cambio no se produce con el simple paso del tiempo sino con la evolución de los pensamientos.

Esta es una técnica de autoconocimiento poderosa.

Fue a partir de 1974 cuando, se desarrolló este método como una técnica terapéutica. Orr apoyado por varias personas más del campo de las terapias alternativas, refinaron el sistema de forma que pudiera ser utilizado en un entorno terapéutico profesional organizado en varias sesiones (generalmente un mínimo de diez).

El Renacimiento o rebirhthing es considerado por algunos como una técnica de crecimiento personal que ayuda a la auto superación.

Para otros es una rama de la psicoterapia especializada en ejercicios de respiración con muchos beneficios terapéuticos.

Con esta técnica se buscan las creencias negativas reprimidas en el pasado, para traerlas nuevamente a la memoria y poder trabajarlas de forma que sean integradas, transformándolas en nuevas creencias positivas.

Se podría decir que se trata de entender aquellas situaciones desde otra visión que te apoye en el presente. Y te haga saltar hacia el futuro.

La meta final del rebirthing es volver a traer a la consciencia las emociones negativas que han sido rechazadas, para que al redescubrirlas se pueda desentrañar su contenido equivocado.

Entre otras bases trabaja la base mental del pensamiento creativo, el propósito de esta base es cambiar conscientemente los sistemas de creencias de la persona que no funcionan o causan problemas en su vida.

Se utilizan técnicas, algunas ancestrales, como la visualización positiva y sobre todo las afirmaciones. Una afirmación es una frase positiva que deseas y quieres incorporar a tu vida para que traiga los resultados esperados o deseados y materializarlos en tu vida.

En rebirthing se repite constantemente: pensamientos positivos producen resultados positivos y pensamientos negativos producen resultados negativos.

Ello es debido a que las afirmaciones van instaurando mensajes en nuestro cerebro inconsciente que este cree como verdaderas y van modificando la estructura limitante de base que existía en el mismo.

Aquellos que practican el rebirthing o renacimiento afirman que algunos de los beneficios de esta técnica pueden ser:

• Una profunda y duradera paz interior.

• Claridad mental.

• Grandes beneficios en las relaciones con los demás - en relaciones íntimas, familiares, sociales y profesionales.

- Desarrollar la habilidad para manejar los desafíos en la vida profesional y en general.

- Eliminar los patrones negativos limitantes que impiden el éxito en la vida.

- Grandes y duraderos beneficios en la salud y el estado de ánimo general.

- Conexión con el concepto de Dios/Energía o el Amor Divino.

Con el rebirthing nos ayuda a participar de una forma consciente en nuestro crecimiento personal, con el podemos desmantelar el pasado y plantear un nuevo futuro, es una herramienta para liberar adscripciones mentales tempranas que se hayan hecho en relación con nosotros mismos o con la vida, una forma de deshacer los miedos y liberarnos de ellos.

El rebirthing resulta muy útil para contactar con antiguos recuerdos, viejas herida y planes ocultos que podrían estar contaminando nuestra vida.

Con este tipo de respiración consciente y centrada y la meditación es posible que accedamos a lo que no se ha resuelto, se sienta lo que se necesita sentir y se reorganice la mente con respecto a ese acontecimiento y después se suelte perdonando a quien deba ser perdonado si es necesario.

Son muchos y variados los resultados que podemos obtener con el rebirthing, se han notado su efectividad en muchos problemas de desorden emocional, mental incluso en enfermedades físicas agudas o crónicas.

Puede hacer desaparecer adicciones y depresiones prolongadas. También han conducido a experiencias espirituales profundas, una mayor conexión con Dios o el universo.

El re-nacido se siente más vital, mas lleno de energía y enamorado de la vida, reduce el estrés, alivia la culpa completa lo que ha quedado sin terminar en el pasado. Abre el corazón sana el cuerpo y realiza grandes modificaciones en todos los aspectos de la vida con la certeza de que los cambios o sanaciones conseguidas son para siempre.

En relación con el tema que nos interesa, el dinero y la creación de riqueza podremos utilizar las siguientes afirmaciones para contrarrestar los efectos de las adscripciones internas que habíamos creado erróneamente respecto al dinero.

Afirmaciones positivas:

❖ Yo sé que hay dinero para todos.

❖ Yo creo que el dinero circula y circulará siempre entre todos.

❖ A mi todo el dinero que doy me vuelve multiplicado.

- ❖ Para mí el dinero es una manifestación de la creatividad santa del hombre.

- ❖ Para mí el dinero es energía al servicio de la mujer y del hombre.

- ❖ El dinero es inocente.

- ❖ Cuanto más rico soy, más humano y generoso me siento, y cuanto más humano y generoso soy, más rico me siento.

- ❖ Yo soy rico porque trabajo en lo que me gusta.

- ❖ Yo gano mucho dinero de fuentes inesperadas.

- ❖ Cuanto más confío y me relajo más próspero soy.

- ❖ Yo me perdono por pensar que Dios no me quiere.

- ❖ A Dios le gusta que construyamos el paraíso en la Tierra.

- ❖ Todos tenemos derecho a la riqueza

- ❖ Cuanto más amor doy más amor recibo y cuanto más amor recibo más amor tengo para dar.

- ❖ Mi verdadero poder reside en mi espíritu creativo.

- ❖ Para mí dar y recibir es el más excitante juego de la Vida.

❖ Yo me amo y estoy seguro y a salvo.

❖ Para mí la supervivencia está siempre asegurada, pase lo que pase.

❖ Yo me apoyo en mi imaginación y voluntad para mi seguridad y sustento.

❖ Yo analizo las carencias de mi pasado y perdono a mis padres por desampararme.

"Sin el dinero yo no soy nadie" Es uno de los mensajes subliminales de la publicidad consumista. Se tiene la convicción de que el dinero solo pertenece a los ricos y a las personas importantes.

Hay el riesgo de convertirse en un adicto a gastar y gastar el dinero. Se gasta más de lo que se ingresa y finalmente se entra en un círculo vicioso de tener que endeudarse para poder continuar con el mismo nivel de vida.

Utilizando las afirmaciones para atajar este concepto podremos utilizar las siguientes frases:

❖ Para mí el dinero es de todos.

❖ Yo soy importante por ser quien soy.

❖ Con dinero y sin dinero todo el mundo me quiere mucho.

❖ Yo soy un ser divino y maravilloso.

Vamos a explicar a continuación como realizar la transformación de la Consciencia mediante las técnicas de las afirmaciones del "Rebirthing":

Aquí sería útil que revisaras el material de trabajo que hay en la página http://comohacersericoya1.blogspot.com.es/ a fin de poder realizar correctamente los ejercicios propuestos y así implementar más rápidamente los cambios, y multiplicar los beneficios obtenidos con el método a través de los cuadernillos de trabajo.

Para profundizar en el método rebirthing y su aplicación, si lo deseas puedes descargar el curso práctico de Rebirthing que ofrecemos.

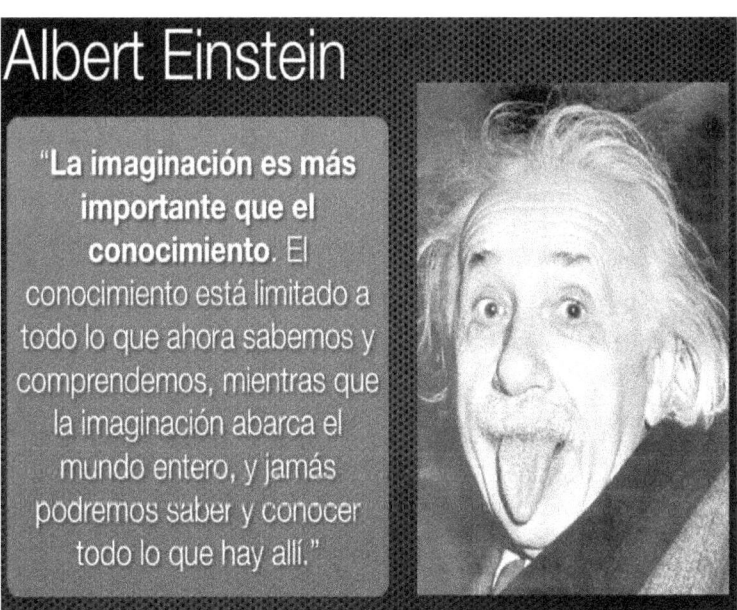

Albert Einstein como ejemplo de pensamiento creativo

Las bases del pensamiento creativo y afirmaciones utilizados en la metodología rebirthing han derivado en numerosas variaciones del método como la aplicada en el archiconocido libro o video de "El Secreto" de Rhonda Byrne , "la transposición cibernética" de Stuart Lichman, "La ciencia de hacerse rico" de Wallace y otros... siendo la base de todos ellos filosofías de origen hindú o bien de la filosofía hermética y las conocidas leyes del universo de Hermes Trimegisto.

Este desarrollo personal al éxito se consigue a través de la creación de un estado de conciencia cerebral más elevada de lo habitual que permite el desarrollo de las pocas conocidas capacidades latentes, conduciendo a una comprensión más profunda y a la aceptación de valores morales y éticos superiores.

Esta transformación es equivalente a un proceso de maduración interna que convierte al individuo en un ser adecuadamente preparado para tener éxito en la vida.

También se pueden conseguir cambios utilizando

La introspección consciente.

La introspección o percepción interna tiene como fundamento la capacidad reflexiva que la mente posee de referirse o ser consciente de forma inmediata de sus propios estados.

Cuando esta capacidad reflexiva se ejerce en la forma del recuerdo sobre los estados mentales pasados, tenemos la llamada "introspección retrospectiva"; pero la introspección puede ser un conocimiento de las vivencias pasadas y también de las presentes, de las que se dan conjuntamente y en el presente del propio acto introspectivo.

El mentalismo clásico -tanto el de la filosofía moderna como el científico- ha utilizado la introspección como el método más adecuado para acceder al mundo psíquico.

El psicoanálisis es la forma de introspección retrospectiva y la psicología experimental de Wundt la introspección de las vivencias actuales.

Esto consiste en rememorar recuerdos autobiográficos e imaginar el futuro, entre otras cosas, a través de la introspección, retrospección evolutiva y trasmutación, sobre nuestro pasado analizando y haciendo visible a la luz de la consciencia aquellos bloqueos mentales de nuestro inconsciente que aparezcan durante el proceso y que derivarán en una síntoma físico de malestar e incomodidad que serán los que nos darán la voz de alarma, tomando consciencia de éstos será mucho más fácil desbloquearlos, provocando modificaciones estructurales en ellos, desde un pensamiento consciente.

Para ello precisaremos de cierta concentración e intimidad, una habitación tranquila y cálida, donde nos sintamos cómodos, y por supuesto lejos de distractores externos, con el fin de que surjan los bloqueos mentales inconscientes (que aparecerán en forma de pequeños flashes cuando nuestros recursos mentales los ocupen tareas conscientes, -pero automatizadas para el humano- como es la escritura o el recuerdo.

En este caso nuestras herramientas serán papel y lápiz y escribiremos aquello que deseamos reproducir o conseguir, ya sea de nuestro pasado, presente o futuro.

Esto lo realizaremos en forma narrativa, utilizando enunciados simples, afirmativos, vividos en primera persona, y con todo lujo de detalles como emociones o sensaciones producidas o que desearíamos que se hubieran producido.

En definitiva se trata de componer con frases cortas ,una narración idílica, -que no inventada ni surrealista - de lo que hacemos para conseguir nuestros proyectos futuros ,escrito con todo lujo de detalle, o de nuestro pasado, en caso que lo utilicemos para descubrir auto sabotajes o bloqueos mentales en nuestro pasado.

Puede servir un ejemplo para ilustrar lo explicado:

Mary tiene un problema con el inicio de relaciones sociales con sus iguales. Tiene baja estima de si misma y sus capacidades, considera que no puede aportar nada al grupo, o que si expresa sus opiniones quedara en evidencia porque no dispone de gran repertorio cultural del que hablar; así que no sale de casa, salvo para ir a su trabajo, apenas se relaciona fuera de su ámbito laboral y en este la relación con sus compañeros es mínima.

Huye de cualquier circunstancia social que pueda ponerla en el compromiso de participar en un grupo social, o darse a conocer, por lo cual se siente incompleta y desdichada.

Mary desea utilizar este procedimiento de introspección consciente para modificar sus pensamientos de minusvalía, y así evitar la impotencia que le produce el no conseguir hablar en público porque se siente que aporta poco valor, y por tanto se cree inferior, ridícula o avergonzada o incapaz, entre otros.

En este caso Mary utilizará este proceso para narrar un episodio de su pasado, en el que se pusiera a prueba en una situación similar.

Tras escribir la realidad de aquel episodio, adornara su narración transformándola positivamente, modificando aquellas percepciones negativas y convirtiéndolas en enunciados ideales de lo que le hubiera gustado hacer o sentir, repito eliminará todas las frases negativas de la narración acerca de sus valoraciones personales negativas y las cambiara por afirmaciones positivas sin modificar la base de la narración, pero creando la situación ideal en torno a lo que habría ocurrido.

Leerá de nuevo su escrito narrativo ya modificado, que ahora se habrá convertido en la narración de la situación ideal y lo repetirá varias veces en voz alta-modificando su recuerdo de forma consciente-.repetirá este proceso las veces que sean necesarias hasta que surjan - en forma de malestar o flashes- nuestros bloqueos mentales y así podremos hacerlos conscientes y trabajar sobre ellos.

Al ser la narración ideal de un acontecimiento que ella hubiera deseado que ocurriera, no el que se produjo en la realidad o la percepción   que tenía ella de aquel acontecimiento , el inconsciente tenderá a enviar en forma de flashes la creencia que realmente posee, lo que realmente piensa de si misma o aquello con lo que su inconsciente no está de acuerdo y lo hará en forma de sensaciones energéticas negativas, por tanto es posible sentir cierto malestar, ansiedad, etc. cuando aparezcan, ya que es un conflicto interno.

Estos pensamientos lo anotaremos en una hoja ya que son, en su mayoría, los pensamientos   que sabotean, nuestro proceso de avance, de una u otra manera.

Y volveremos a releer y corregir nuevamente nuestro escrito, anotando las sensaciones discordantes percibidas, repitiendo el proceso hasta que desaparezcan por completo esos flashes o bloqueos mentales y la lectura de la narración ideal no nos produzca malestar sino sensación de plenitud y bienestar.

En la lista donde hemos anotado los pensamientos desagradables que han surgido, vamos a enfocar nuestra atención, intentado desarrollar qué hay detrás de cada miedo, angustia o sensación , y que sentido tienen para nosotros, incluido anotar la primera vez en nuestra vida que sentimos algo similar y por qué fue producido.

En ocasiones, haciendo regresiones en la memoria a nuestra vida pasada llegamos a la conclusión que la primera experiencia que tuvimos de esa sensación negativa que ahora nos limita a nivel inconsciente, se debe a un problema emocional no resuelto en nuestro pasado.

Una vez descubierto el momento en el cual se produjo, es mucho más fácil reconocer que aunque haya sido modificada su percepción , no es más que temor a que se repita esa actitud o esa sensación desagradable, lo que nos mantiene anclados una y otra vez en ella, y que no nos permite avanzar, y por tanto será mucho más fácil desbloquearla aplicándole un   análisis racional y consciente, o bien armonizando las diferentes formas en que se viven los procesos mentales: a nivel emocional, racional, automático y consciente de forma que ya no incida en nuestros objetivos conscientes.

Este proceso de bloqueo mental, se produce porque en nuestro inconsciente quedaron grabadas las circunstancias vividas o percibidas en el pasado, como estímulos que provocaron una respuesta(del medio, del entorno o de nosotros mismos) que no resultó agradable para nosotros y a las cuales se condicionaron dichas estímulos, provocando la respuesta de evitación o rechazo, es decir, a nivel inconsciente se ha realizado un aprendizaje (acertado o no, ya que nuestro inconsciente no discrimina, si es verdad o mentira, si es bueno o malo, adecuado o inadecuado) que ha dado como resultado la evitación o el rechazo ante situaciones que consideramos similares o iguales, y que activan de forma prácticamente automática, la respuesta evitativa del individuo, al considerar que estímulos similares podrían desembocar en el mismo resultado anterior .El resultado es que bloquea la consecución de ese objetivo.

Este aprendizaje de evitación o rechazo, generado a nivel inconsciente, también puede producirse ante la experiencia en un tercero (lo que se llamamos en psicología aprendizaje vicario) o bien transmitirse de unos individuos a otros culturalmente a través de la educación o pautas de crianza o bien a través del entorno social.

Si partimos de la base que nuestro cerebro inconsciente no tiene la capacidad de discriminar entre lo que es real y lo que no lo es, podremos trabajar ese bloqueo y eliminarlo a través de la visualización creativa de la situación ideal, bien a través de del pensamiento creativo, la lecto-escritura de afirmaciones positivas, o la utilización de métodos de programación neurolingüística (P.N.L.) que tan de moda están actualmente.

Al igual que en el caso anterior puedes acudir a la web http://comohacersericoya1.blogspot.com.es/ para revisar el material de trabajo que hay en la pagina que te guiará paso a paso a través de los cuadernillos de trabajo. Así avanzarás mucho más rápido.

Introspección y retrospección evolutiva son herramientas muy poderosas porque os permitirán acceder de forma consciente y dinámica a los patrones evolutivos disfuncionales (conducta, hábitos, actitudes, conceptos, valores) que habéis creado en vuestro pasado y que están obstruyendo vuestra apertura y crecimiento personal.

Esto no significa hurgar en el pasado generando secuencias mórbidas o negativas, sino acceder al punto y dinámicas evolutivas en el que estos patrones disfuncionales se generaron. Vuestro ego mental utilizará su influencia disuasoria para desalentaros y que no os sintonicéis con ellas.

La transmutación se activa cuando sois conscientes de los lastres evolutivos que ya no necesitáis, y optáis por renunciar a aquellos patrones de pensamiento, acción y sentimiento discordantes. Se hace las paces con el pasado y se desvinculan, lo cual va a permitir centrarse en e l presente y en la proyección hacia el futuro.

El poder está en vuestras manos, y cuando activáis la luz y se es consciente de los miedos, amenazas, bloqueos, auto sabotajes, etc., y se trabaja a nivel mental para desbloquearlos, la oscuridad que habitualmente os domina se diluye y el éxito emerge y emprende su camino.

Por otra parte, a veces lo que al principio puede parecer un obstáculo para conseguir un objetivo no es más que una oportunidad de mirar alrededor y encontrar o valorar aquellas "otras" alternativas antes rechazadas y desdeñadas, sea porque nos parecen arriesgadas, o porque tengamos la creencia "limitante" de que no somos capaces o simplemente porque preferimos poner objetivos fácilmente alcanzables para no tener que sufrir una decepción.

Pero hoy por hoy después de varias decepciones en diferentes ámbitos de mi vida, aún creo en mi misma y cuando algo no me funciona busco y encuentro "siempre" otras alternativas y posibilidades. Y me alegro que sea así.

Suelo estar rodeada de personas que también tiene un alto índice de capacidad para cambiar sus vidas y aprovechar los malos momentos para sacar cosas positivas y superarse, y sé que esto se da por el hecho de poner en práctica lo que aprendemos en nuestras formaciones y por tener claro que ellos también pueden.

Así que terminando, lo que vengo a decir es que de haberlo aplicado a mi misma y haber acompañado el cambio positivo de otros, creo en las terapias de autoayuda puntuales, las de orientación a alcanzar objetivos y las de apoyo emocional, siempre y cuando la persona se involucre el 100% será cuando podrá alcanzar sus metas.

Ya que aquello en lo que enfocamos nuestra atención, es lo que percibimos y por ende, es lo que crea nuestro mundo exterior.

Como dijo Henry Ford

"Si usted piensa que usted puede hacer una cosa o crees que no puedes hacer nada, en cualquier caso tiene razón."

Por tanto, vamos a enfocarnos en que

SI SE PUEDE

Capítulo 3

Aprendo a Invertir el Proceso

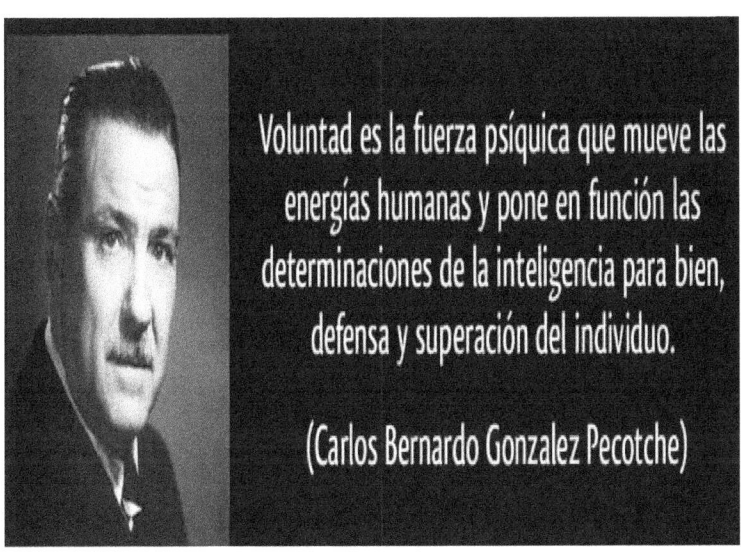

Voluntad es la fuerza psíquica que mueve las energías humanas y pone en función las determinaciones de la inteligencia para bien, defensa y superación del individuo.

(Carlos Bernardo Gonzalez Pecotche)

"Porque yo se los planes que tengo para vosotros"-declara el Señor- "planes de bienestar y no de calamidad, para daros un futuro y una esperanza"
(Jeremias29:11).

143

Como Myers Munroe analiza en una de sus obras

"Cuando la gente carece de esperanza acerca de las situaciones de su vida, se llenan de resentimiento hacia sus trabajos o hacia su familia. Ellos sienten como que han estado desperdiciando su vida y que han comenzado a vivir teniendo un vago anhelo interno que es constante, buscando algo mas....Una vida sin visión es una existencia que ha sido golpeada por la pobreza."

–Mylers Munroe.

Una vida con visión, con un objetivo a alcanzar o una meta, es una semilla para producir el cambio.

Querer cambiar es un deseo, pero el proceso de cambio de donde estas hacia donde querer ir es otra.

Lo primero que debes hacer es preguntarte:

Si tú quieres cambiar tu vida y estas dispuesto a pagar el precio que sea necesario debes reflexionar sobre

¿Por qué?

¿Qué es lo que quieres cambiar de tu vida?

Si tuvieras que calificar tu vida, como te sientes hoy y como es ahora

¿Qué nota le darías?

¿Cuánto vale?,

¿Que valor le das a tu vida actual?

¿Qué puntuación le darías de 1 a 10

siendo 1 lo mínimo y 10 lo máximo?

El resultado proyectaría el nivel de satisfacción actual de tu vida, el porcentaje de satisfacción en que valoras tu vida actual

En el caso de una persona que valorara en 5 su nivel de satisfacción, indicaría que cada día que vive, día que pasa y no vuelve más, lo está viviendo al 50% de su nivel de nivel de satisfacción personal, lo cual repercute en su nivel de autoestima y cada día que se fue ya no vuelve más.

Si tu vida tiene un 5 hoy, me gustaría que profundizaras y reflexionaras haciendo caso a tu voz interior.

De ese nivel de satisfacción yo te pregunto ¿Qué áreas de tu vida tuvieron más peso negativo en esa valoración? el área física, sentimental, profesional, espiritual, social, de relación…

Aquí estamos definiendo tu punto de partida de tu proceso de cambio al éxito, pues esa área de tu vida será donde debes enfocar todos tus esfuerzos y de donde sacarás la motivación suficiente para producir esa reestructuración de tu vida.

En general la parte profesional suele ser la que más peso tiene en la faceta negativa de nuestro nivel de satisfacción personal ya que se suele hacer por la necesidad de tener que trabajar para conseguir dinero y vivir y por la cual en muchas ocasiones sacrificamos nuestra visión personal y nuestras metas.

En otras ocasiones nuestra área profesional va bien pero nos impide disponer de tiempo para nuestras familias y nosotros mismos.

Una vez enfocamos el área de nuestra vida que debemos o queremos cambiar debemos reflexionar y definir al menos uno o varios aspectos de esa área que quisiéramos modificar y defínelos por escrito con todo tipo de detalles, a pesar que te lleve tiempo, ya que ellos será aspectos críticos en tu vida.

En ocasiones algunos de ellos no pueden eliminarse, como para la mayoría de la gente, el puesto de trabajo, ya que son necesarios para nuestra subsistencia, ello se convierte en un lastre que nos mantiene esclavizados en un sistema en el que no nos sentimos cómodos.

 En el caso en que no se puede eliminar aquello que nos produce   insatisfacción, deberemos   trabajar   nuestra mentalidad para asimilarlo, disminuyendo el grado de sufrimiento asociado a dicha circunstancia, produciendo modificaciones   parciales en nuestra percepción mental sobre dicha situación negativa.

Por ejemplo no es lo mismo ir a trabajar pensando que es el peor trabajo del mundo porque no aguanto a mi jefe o no dispongo de tiempo para mi, y que mi trabajo es penoso, rutinario y probablemente mal pagado y esa es mi realidad día a día,   que tener la convicción fuerte de que es así , pero que ,hoy por hoy, es una herramienta que me permite mantener la solvencia económica mientras me preparo ,me educo, pongo a trabajar mi inteligencia y hago acopio de herramientas que me preparen para que, en un momento dado, pueda dar el salto que me haga conseguir el futuro que deseo, la visión de mi vida.

Es más, el hecho de asumir obligaciones que no nos agradan y aun así, mantenerlas y cumplirlas en el tiempo, nos educa emocionalmente, de forma que fortalece nuestro carácter y nos genera un habito mental hacia la autodisciplina, la cual nos será muy útil y necesaria a la hora de conseguir nuestros sueños de forma persistente.

¿Por donde empiezo?

"Todos aspiramos a la felicidad y no estaremos contentos hasta obtener la felicidad infinita. Ahora recuerden lo siguiente: si aspiran al orden universal, deben comenzar por poner orden en sus vidas."

Muchos de los fracasos en la vida le sucede a gente que no se da cuenta lo cerca que estaban del éxito cuando se dieron por vencidos.

Tomada la decisión de conseguir nuestro objetivo, basta que uno este motivado y haya concretado el tipo de objetivo a satisfacer tal motivación, en nuestro caso sería el deseo de solucionar para siempre nuestros problemas económicos y vivir en plenitud financiera, para que automáticamente se den los pasos necesarios para alcanzar tales objetivos.

La realidad ofrece con frecuencia un panorama bastante distinto. Muchas veces abandonamos el esfuerzo por lograr aquellas metas que nos habíamos propuesto conseguir, más aún, en ocasiones ni siquiera llegamos a dar los primeros pasos en dirección a la meta.

El estar motivado no se traduce siempre en la ejecución de la conducta, puesto que se necesita cierta voluntad.

Hacer operativa la voluntad se consigue con lo que se conoce como la implementación de la intención y que no es otra cosa más que la planificación con todo detalle de las circunstancias en las que se llevará a cabo la conducta, es decir, el cómo, cuando y donde se va a realizar la conducta, así como cuánto tiempo se le va a dedicar.

La consecución del éxito también depende de la velocidad de implementación, es decir el tiempo que tardaremos en decidir tomar acción, este es distinto para cada individuo y circunstancia situacional: de nada nos sirve tener una idea magnifica si tenemos una velocidad de implementación cero, dejando siempre para otro día el poner en marcha nuestros proyectos, ya que con una gran probabilidad, estos nunca se concretarán.

Es decir, lo primero en nuestra lista para solucionar para siempre nuestros problemas económicos debe ser, partiendo de nuestras necesidades, decidir y establecer la meta u objetivo a conseguir.

La elección de los diferentes objetivos vendrá marcados para las diferentes personas por el valor que tenga para nosotros cada una de ellas y de las posibilidades que creemos tener para alcanzarla

Te aseguro que por más motivado que estés en conseguir una meta que para ti sea de incalculable valor, posiblemente no intentes alcanzarla si consideras que no tienes ninguna posibilidad de conseguirla, por tanto lo segundo y fundamental es creer firmemente que puedes alcanzar esa meta, visualízate con todo tipo de detalle y de forma frecuente a ti mismo y a tu familia disfrutando ya de aquello que anhelas, de ese libertad financiera, vívela, recréala, disfrútala en todos sus detalles y crea una imagen positiva en tu inconsciente de esa realidad, Aunque aún no lo creas posible conscientemente, tu mente inconsciente, no es tan racional y discriminativa y transcribirá esa experiencia como real y vivida ,comenzando a creer que es posible porque ella ya lo está experimentando.

Ese es el principio del cambio.

Te resultara extraño esto que te digo ¿verdad?

Pensarás "Anda ya , ahora me sale con esto", como si pensar en ello fuera a cambiar un ápice de mi frustrada economía, si fuera así yo ya sería rico, tendría un Ferrari, un buen trabajo, unos hijos ideales y una mujer maravillosa….

Especialmente si no conoces la filosofía de la ley de la atracción mental, las bases de la programación neurolingüística, la filosofía de los principios herméticas y como trabaja nuestra mente consciente e inconsciente en la consecución de nuestras metas auto saboteando nuestros objetivos.

Si no me crees has este sencillo ejercicio, es más fácil que creamos en lo negativo, ya que es a lo que estamos acostumbrados, por tanto para demostrarte el poder motivacional de tu mente haremos un ejercicio al revés de cómo te propongo hacerlo cuando quiero que te motives para cambiar tu realidad.

Con este ejercicio te demostraré que la realidad creada en tu mente, tu subconsciente la vive como real y la ha extrapolado a tu realidad vivida.

Este ejercicio resulta muy fácil de realizar y comprobar, pues, lamentablemente, estamos acostumbrados a dañarnos a nosotros mismos con nuestros pensamientos, limitando nuestro potencial humano, infravalorando nuestras posibilidades y lo peor de todo es que eso nos parece de lo más normal y correcto.

Por desgracia llevamos años de nuestra vida trabajando bajo ese formato, y por ello nuestra realidad es en la mayoría de los casos, la mediocridad, no porque no tengamos potencial para conseguir éxito en lo que nos propongamos, sino porque simplemente enviamos mensajes limitantes a nuestro cerebro constantemente a través de la imagen, la palabra, los sentidos y la educación e interacción social, entre otros.

Simplemente haz la prueba un día y desde antes de levantarte hasta que te acuestes, transmite a tu subconsciente con palabras, con imágenes y con pensamientos lo cansado agotado y desanimado que te encuentras y lo que te duele todo. Y cuéntame como te sientes cuando termines el día.

¿Te que convencido?

Entonces sigamos.

Ya te has convencido de que es posible, has experimentado el placer de vivirlo, aunque sea subconscientemente, ahora, tomada la decisión el proyecto de conducta entra en una fase decisiva que debe culminar en el inicio de la conducta, con lo que los psicólogos llamamos implementación de la intención, que no es más que ponerte en acción, aunque no de cualquier manera, claro.

En este momento estas plenamente motivado para lleva a cabo los cambios necesarios, sin embargo, en numerosas ocasiones la conducta nunca llega a producirse, y no se podría decir que es por falta de motivación, pues bien sabes que motivación te sobra.

Entonces ¿qué está sucediendo para que no avancemos?

Lo que sucede es que para que la motivación se convierta en acción, es necesario no sólo la voluntad decidida de llevarla a cabo, sino que además debemos poner en juego estrategias que hagan posible el que la conducta pueda comenzar a rodar, pueda iniciarse.

En este momento la persona ya no se vuelve a plantear aspectos como si es conveniente o es viable, *sino cómo llevarla a cabo.*

Es crucial en este punto que dediquemos tiempo necesario para planificar todos estos aspectos, de forma que al introducir los cambios y estrategias requeridas de la nueva conducta que vamos a implementar en nuestras vidas, no entren en conflicto con las otras actividades que ya tenemos.

Para evidenciar mejor el conflicto te hablaré de uno que surge muy frecuentemente cuando ponemos en práctica algunas estrategias de nuestro plan para conseguir nuestra ansiada libertad financiera: ¿Ahorro ó liquido deudas?

Por tanto para conseguir el éxito la próxima tarea, esencial en esta fase, previa a la ejecución, es lo que se conoce como la planificación detallada de las circunstancias en que se llevará a cabo nuestras conductas.

> **Para conseguir el éxito nuestra tarea será la planificación detallada de las circunstancias en que se llevará a cabo nuestras conductas.**
>
> **Esta será la base de nuestro plan de trabajo.**

Una vez realizado esto, la persona ya no se replantea aspectos como la conveniencia y viabilidad de la conducta, sino cómo llevarla a cabo.

Resulta crucial que se dedique un tiempo a la planificación de todos estos aspectos, de forma que la introducción de la nueva conducta no entre en conflicto con las otras actividades que la persona ya tiene en marcha y no se dejen escapar las circunstancias que pueden facilitar la ejecución de la conducta.

Existen evidencias científicas y distintos estudios empíricos han probado que la implementación de la intención sería el mecanismo que explicaría que las personas lleven a cabo la conducta. En este sentido, parece claro que

> **Las personas que planifican las circunstancias en las que ocurrirá la conducta, la realizan en mayor medida que las personas que no realizan esta planificación.**

La asociación entre estas circunstancias y la conducta ayuda a que aquellas actúen como disparadores del comportamiento, facilitando el inicio y automatización de la conducta una vez que se han presentado las circunstancias.

Programando nuestra mente para el éxito

✓ **Técnica Rebirthing y la visualización creativa.**

Seguiremos el método de afirmaciones a través de la escritura utilizando la visualización creativa y Técnicas Rebirthing

❖ Las afirmaciones son uno de los elementos más importantes de la visualización creativa.

❖ Afirmar significa «hacerse o hacer firme».

❖ Una afirmación es una expresión rotunda y positiva de que algo ya es así.

❖ Es un modo de «consolidar» lo que estamos imaginando.

La mayoría de nosotros es consciente de que mantenemos un «diálogo» casi continuo en el interior de nuestra mente.

La práctica de hacer afirmaciones nos permite empezar a sustituir los elementos de nuestro coloquio interior más caducos, erosionados o negativos por conceptos e ideas más positivos.

Es una técnica poderosa que en poco tiempo puede transformar completamente nuestras actitudes y expectativas acerca de la vida, y por tanto, ayudarnos a cambiar lo que creamos para nosotros mismos.

Las afirmaciones pueden hacerse en silencio, en voz alta, por escrito o incluso cantadas o recitadas.

Con sólo diez minutos diarios de afirmaciones positivas, se pueden compensar años de viejos hábitos mentales.

Cuando advierta que está cayendo de nuevo en sus viejas pautas de pensamiento negativas, en ese mismo instante, pruebe a repetir mentalmente una afirmación.

Aplicándolo a nuestra relación con el dinero debemos Investigar cuál de estos siete pensamientos erróneos sobre el dinero rondan por tu mente.

Elige la afirmación positiva que a ti te gusta más o la que más rechazas. Cualquiera te puede servir para ejercitar la maestría del cambio mental.

Se trata de desarrollar la conciencia de abundancia y de anular la conciencia de escasez.

Mi consejo es que escribe 21 veces consecutivas la misma afirmación durante un período continuado y sin interrupciones(al menos durante siete días)

Y observa los resultados.

Si quieres un mayor efecto practica la misma afirmación durante 21 días seguidos.

Todas tus afirmaciones deben ser escritas en tiempo presente, personalizadas (escribiendo el nombre con el que te llamaban de pequeño) y radicalmente afirmativas.

Para obtener el máximo rendimiento a esta labor conviene que comprendas que estas desprogramando y reprogramando tu mente.

Por lo tanto, deberás escribir junto a cada una de las afirmaciones cualquier pensamiento, acontecimiento, sensación o sentimiento que contradiga a la afirmación positiva que estás trabajando.

De esta manera, mientras repites tu afirmación estableces una nueva vibración mental, y al escribir las respuestas negativas desactivas los pensamientos negativos y caducos.

Te ha de quedar muy claro que al introducir en tu conciencia un pensamiento que no tenías estás creando una contradicción interna… por eso debes, al mismo tiempo, eliminar esa contradicción escribiéndola también… pero sin repetirla.

El poder de la mente se basa en la atención, la repetición y la concentración. Por eso hay que escribir muchas y muchas veces el mismo pensamiento positivo hasta lograr que arraigue en la Conciencia.

Recuerda, ten fe y paciencia.

No hay ninguna duda de que el pensamiento es creativo y de que todo lo que ocurre en tu vida lo has pensado y lo piensas, ya sea consciente como inconscientemente.

Saliendo de la zona de confort

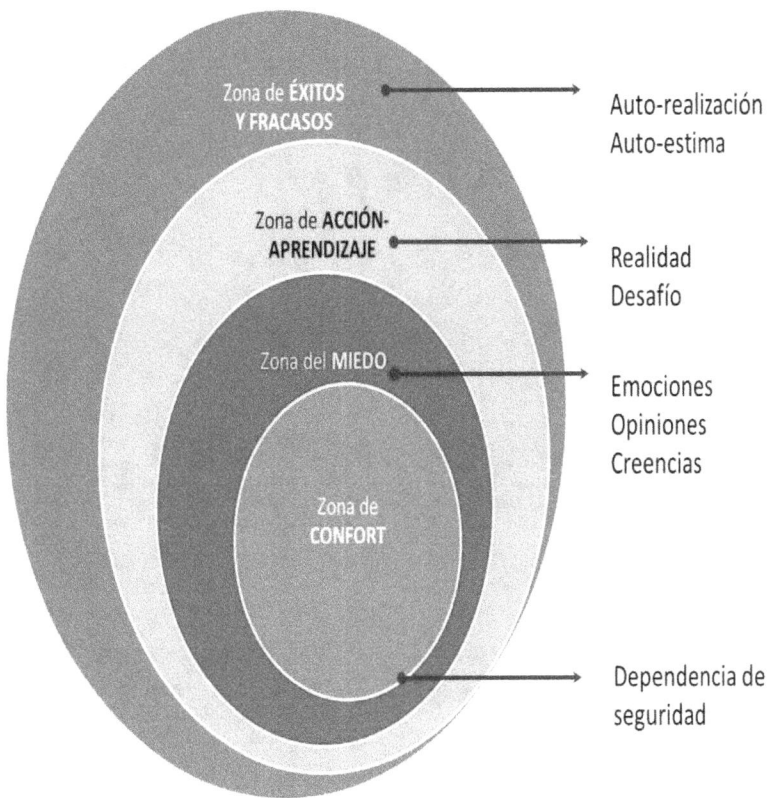

Zona de ÉXITOS Y FRACASOS — Auto-realización / Auto-estima

Zona de ACCIÓN-APRENDIZAJE — Realidad / Desafío

Zona del MIEDO — Emociones / Opiniones / Creencias

Zona de CONFORT — Dependencia de seguridad

"Deja espacio en tu vida para seguir creciendo"

–Joseph Newton

Lo primero que debemos hacer es transmitirle a nuestro cerebro que realmente confiamos y tenemos certeza de que aquello que deseamos va a ocurrir, de esta forma pondremos inconscientemente en marcha todos los procesos adecuados para ello.

A fin de conseguir el cambio de actitud mental, vamos a liberarnos de adscripciones mentales inadecuadas y del todo inútiles o contrarias al objetivo que pretendemos alcanzar, a través de entre otras estas estrategias:

- ❖ La visualización creativa (aplicación de la Ley de la Atracción).

- ❖ El dialogo interno.la introspección consciente.

- ❖ La utilización de palabra y la escritura (a través de la aplicación de los principios de la Trasposición cibernética).

- ❖ A través de nuestras acciones y lenguaje no verbal y verbal (Programación Neuro Lingüística)

Vamos a trasmitir a nuestro cerebro inconsciente que confiamos en nuestro futuro y que es posible el cambio al cien por cien.

Técnicas:

- ✓ El Principio de vacío de Joseph Newton.

- ✓ La Transposición Cibernética (TC) de Stuart Litchman.

- ✓ Técnicas de Programación Neurolingüísticas (PNL).

- ✓ Aplicación del poder de La Atracción (El Secreto) Rhonda Byrne.

✓ **El principio de vacío de Joseph Newton.**

Si tu vida no es como deseas, si quieres seguir avanzando y conseguir nuevos retos, debes comenzar por hacer cosas diferentes que produzcan los cambios que quieres para ti. Si sigues haciendo lo mismo e introduces pequeñas variaciones, sólo conseguirás eso: los mismos resultados con pequeñas transformaciones.

Para reflexionar sobre este tema, a continuación te expongo el principio del vacío de Joseph Newton:

¿Tienes el hábito de juntar objetos inútiles, creyendo que un día (no sabes cuándo) vas a necesitarlos?

¿Tienes el hábito de juntar dinero, sólo para no gastarlo, pues piensas que en el futuro podrá hacerte falta?

¿Tienes el hábito de guardar ropa, zapatos, muebles, utensilios domésticos y otras cosas del hogar que ya no usas desde hace mucho tiempo?

¿Y dentro tuyo?

¿Tienes el hábito de guardar broncas, resentimientos, tristezas, miedos y demás?

¡Eso jamás lo hagas! ¡Va contra tu prosperidad!

Es preciso que dejes un espacio, un vacío, para que cosas nuevas lleguen a tu vida.

Es preciso que te deshagas de todo lo inútil que hay en ti, para que la prosperidad llegue. La fuerza de ese vacío es lo que absorberá y atraerá todo lo que deseas.

Mientras estés, material o emocionalmente, cargando sentimientos viejos e inútiles, no tendrás espacio para nuevas oportunidades.

Los bienes necesitan circular. Limpia los cajones, los armarios, el cuarto de enseres, el garaje,… Dona todo aquello que ya no uses.

La actitud de guardar un montón de cosas inútiles sólo encadena tu vida. No son los objetos guardados los que estancan tu vida, sino el significado de la actitud de guardar. Cuando se guarda, se considera la posibilidad de falta, de carencia. Se cree que mañana podrá faltar, y que no tendrás manera de cubrir esas necesidades.

Con esa idea, le estás enviando dos mensajes a tu cerebro y a tu vida:

- que no confías en el mañana

- y que piensas que lo nuevo y lo mejor NO son para ti, por eso te alegras guardando cosas viejas e inútiles.

Deshazte de lo que ya perdió el color y el brillo. Deja entrar lo nuevo a tu casa y dentro de ti mismo.

Empieza a practicar el principio del vacío. Un primer paso puede ser salir de "tu zona de comodidad", que aunque la llamamos así, realmente de cómoda tiene poco, ya que te impide realizar cosas nuevas, no aprovechar las oportunidades que pasan delante de tus narices y te deja fuera del juego de tu vida.

Si de verdad quieres evolucionar y que algo nuevo pase, empieza por tirar viejos hábitos (dejar espacio) para plantarte nuevas metas (tomar nuevas ideas) que te ayuden a alcanzar aquello que deseas.

Alineando y armonizando nuestro deseos en nuestro cerebro consciente, emocional e inconsciente a través de la escritura.

✓ La Transposición Cibernética (TC) de Stuart Litchman.

Ahora que ya conoces la importancia de la escritura, voy a mostrarte algo que es extremadamente efectivo, (esta implementado en las bases fundamentales de la transposición cibernética aplicada de Stuart Litchman y Joe Vitale)

Voy a pedirte que enmarques algo (escríbelo), y luego crees un nivel básico de armonía entre tu consciente e inconsciente con respecto a lo que has enmarcado. Dado que éste es un proceso muy básico, elige alguna meta que ya sepas que puedes lograr o estés en vía de lograrla.

Aquí te doy una idea de cómo el proceso básico trabaja:

1. Enfócate en lo que quieres conscientemente escribiendo una descripción de lo que quieres. Esto enmarca explícitamente tu intención consciente.

2. Mientras piensas si puede lograr lo que quieres, mantente atento a cualquier sensación incómoda. Si experimentas alguna, descríbela por escrito. Esto enmarca explícitamente las señales de conflicto inconsciente (los bloqueos).

3. Lee la descripción escrita de lo que quieres, e identifica las palabras o frases que provocan las señales de conflicto inconsciente.

4. Subraya las palabras o frases que causan esos sentimientos. Esto enmarca explícitamente lo que provoca las señales de conflicto inconsciente.

5. Escribe nuevamente las palabras o frases que has marcado. En este proceso familiar de editar, instruyes a tu inconsciente a hacer lo que tan frecuentemente ha hecho antes: inventar alternativas a lo que primero escribiste.

Mientras continúas corrigiendo, estás instruyendo a tu inconsciente a continuar creando nuevas alternativas aceptables, conectando los extremos entre lo que conscientemente quieres, y tus hábitos inconscientes.

Cuando llegues al punto donde tanto tus necesidades conscientes como las inconscientes se encuentran, las señales de conflicto desaparecen.

En ese momento habrás alcanzado un nivel básico de armonía inconsciente entre las cuatro partes de tu cerebro.

Este es un objetivo preliminar. Si realizas los otros dos pasos restantes del proceso para lograr objetivos: priorizar tu objetivo y resolver las señales de conflicto que tu objetivo ya priorizado provoque, lograrás fácilmente lo que has pedido.

Simple. ¿No es así?

Técnicas de Programación Neurolingüísticas (PNL).

La programación neurolingüística (PNL) es un modelo pseudocientífico de comunicación interpersonal que se ocupa fundamentalmente de la relación entre los comportamientos exitosos y las experiencias subjetivas - en especial modelos de pensamiento subyacentes-. También constituye un sistema de terapia alternativa que pretende educar a las personas en la autoconciencia y la comunicación efectiva, así como cambiar sus modelos de conducta mental y emocional.

Según Bandler y Grinder, pioneros en las primeras aplicaciones de PNL, comprende una metodología denominada de "modelización" de la mente, mediante la cual utilizamos los sentidos con los cuales percibimos el mundo, con los cuales podemos codificar información de nuestro comportamiento. Puede ser empleada en diversos campos, de la educación, del trabajo, incluso como terapias de comportamiento o combatir fobias.

La PNL utiliza tanto un lenguaje verbal como no verbal.

Los primeros libros sobre PNL tenían un enfoque psicoterapéutico dado que los primeros modelos eran implementados por psicoterapeutas teniendo aplicación en común con algunas prácticas breves y sistemáticas contemporáneas, como terapia breve centrada en soluciones..

La PNL también ha sido reconocida por haber influenciado estas prácticas con sus "técnicas de replanteo" con las que trata de lograr el cambio de comportamiento por el cambio de su "contexto" o "significado", por ejemplo mediante la búsqueda de la connotación positiva de un pensamiento o comportamiento.

Algunas creencias positivas para interiorizar pensamientos y modelar nuestra mente en el área financiera pueden ser conseguidas a través de la exposición repetida y continuada a pensamientos, imágenes, frases, etc. positivas respecto a riqueza y abundancia, que facilitarían la inserción de sugestión inconsciente, y que posteriormente, una vez interiorizadas y tomadas como válidas, podremos utilizar en nuestras conductas conscientes que nos motiven al cambio.

Esto funciona debido a que tu mente inconsciente no es Analítica, se refiere a que una vez que recibe el mensaje, no lo interpreta, no lo analiza, no distingue si es cierto o no, sólo lo recibe y lo registra y si aún somos pequeños, lo guarda en la angina, y el sistema límbico (en el cerebro mamífero, emocional, visceral).

Lo más importante sobre el cerebro es que no tiene sentido del humor, para el inconsciente el mensaje recibido es real y directo, no distingue entre la realidad o la irrealidad, entre la broma, la mentira o la verdad.

Por eso cuando imaginas algo, el cerebro lo registra como un hecho real, de ahí que las mentiras se vuelvan verdades para quien miente y llega el momento que no sabe si dijo una mentira o una verdad y lo dicho pierde sentido, por lo que tarde o temprano sabrán que es mentira porque no hay congruencia con la verdad y lo inventado.

La mente inconsciente no distingue si lo que dijiste fue por enojo, broma o realidad y cuando insultas u ofendemos a alguien va directamente al corazón, a los sentimientos, hieres los sentimientos de las personas y dejan huella.

Tu mente inconsciente es literal (esto quiere decir que recibe el mensaje tal y como lo mandas) por eso es tan importante las palabras que transmitimos a nuestro cerebro.

Si estas son positivas y potencian a la persona y las posibilidades de generar riqueza que tiene, harán que esta se sienta mejor y más motivado, para producir los cambios tan necesarios que le acerque a sus objetivos financieros

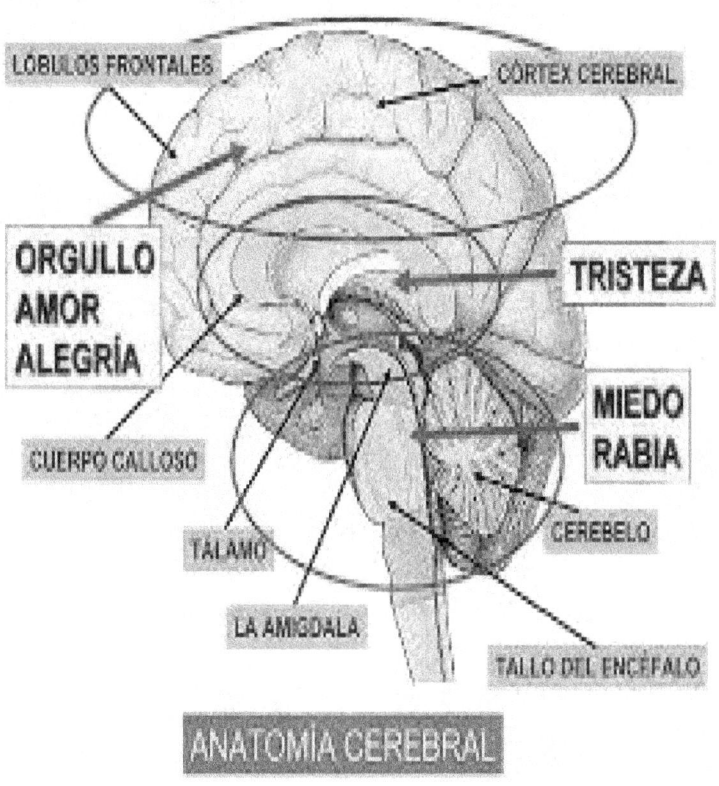

LÓBULOS FRONTALES — CÓRTEX CEREBRAL

ORGULLO
AMOR
ALEGRÍA

TRISTEZA

CUERPO CALLOSO

MIEDO
RABIA

TÁLAMO

LA AMIGDALA

CEREBELO

TALLO DEL ENCÉFALO

ANATOMÍA CEREBRAL

Algunas frases utilizadas en PNL para atraer dinero y riqueza son:

✓ Me siento seguro económicamente.

- ✓ El éxito de los demás, contribuye a mi propio éxito.

- ✓ Mi mentalidad es positiva y millonaria

- ✓ El dinero es mi aliado.

- ✓ Yo soy un imán para el dinero. Soy exitoso en los negocios.

- ✓ Me siento muy bien con grandes cantidades de dinero.

- ✓ Me rodeo de personas positivas y con éxito.

- ✓ Acepto la riqueza en mi vida.

- ✓ Yo soy triunfador y exitoso. El dinero me ama.

- ✓ Aprovecho las oportunidades para ganar dinero.

- ✓ Recibo grandes sumas de dinero inesperado.

- ✓ Atraigo la riqueza consciente e inconscientemente.

❖ Aplicación del Poder de La Atracción.

En 1926, un autor anónimo escribió un pequeño libro rojo sobre el secreto de la riqueza absoluta.

Fue conocido como "El Pequeño Libro Rojo" constaba de 8 manuscritos y tras su revisión y edición se vendió por millones en todo el mundo occidental ,siendo prohibido por la Iglesia en 1933, haciendo prácticamente imposible poder encontrar alguna copia original.

Este libro es la base de el bestseller "El secreto de la Riqueza absoluta" y de "El secreto" de Rhonda Byrne entre otros movimientos similares.

Algunos autores identifican antecedentes históricos de la "ley de atracción" en el hinduismo y a través del hinduismo en la teosofía, pero también se han encontrado referencias en el judaísmo y en el zohar (la Kábala).

La existencia de estos antecedentes, no implica que todos ellos estén históricamente conectados, ya que la ley de atracción podría surgir como resultado de prejuicios cognitivos comunes a todos los seres humanos.

Las elaboraciones modernas de dicha idea deben su existencia, en parte, a James Allen (1864 - 1912) que en 1902 publicó "As a man thinketh" ('piensa como hombre'). Posteriormente Wallace Delois Wattles (1860 – 1911) publicó "La ciencia de hacerse rico" (1910) y por Charles F. Haanel publicó "The Master Key System" ('el sistema de la llave maestra') (1912).

Durante el siglo XX varios autores han hecho referencia a estas obras y las ideas contenidas en ellas.

Esta ley enuncia, que por intermedio del pensamiento es posible atraer lo deseado, por este motivo se asocia a Ley de la atracción con la ley de mentalismo, uno de los 7 principios o leyes espirituales de Hermes Trismegisto, enunciadas en el Kybalión, libro escrito por Los Tres Iniciados.

La ley de mentalismo dice que todo en el universo, es una creación mental y que el hombre, por intermedio de su pensamiento crea su propia realidad.

Pasamos a enumerar los 7 principios o leyes espirituales de Hermes Trismegisto, indicándote recurras a internet, redes sociales, web de autor o biliografia si deseas obtener más información sobre los temas aquí tratados.

- **1ª Ley:**

  Principio del Mentalismo, Ley de Afinidad.

  "EL Todo es Mente. El Universo es Mental"

- **2ª Ley:**

Principio de Correspondencia

"Como es arriba es abajo, como es abajo es arriba"

- **3ª Ley**:

Principio de Vibración

"Nada está inmóvil, todo se mueve; todo vibra."

- **4ª Ley:**

Principio de Polaridad

"Todo es doble, todo tiene dos polos"

- **5ª Ley:**

Principio del Ritmo

"Todo asciende y desciende, todo se mueve como un péndulo"

- **6ª Ley**:

Principio de Causa y Efecto

"Toda causa tiene su efecto, todo efecto tiene su causa"

- **7ª Ley**:

  Principio de Género

"Todo tiene su principio masculino y femenino"

Comienza a aplicarlo y cuéntanos tus experiencias en http://comohacersericoya1.blogspot.com.es/

Herramientas y material educativo

Como herramienta de apoyo a sus productos, se ha creado contenido Web de gran calidad enfocados a personas de habla hispana, para facilitar el acceso a aquellas personas que tienen problemas con el idioma y ofrecer asesoramiento y apoyo continuo, creando grupos de trabajo con los que crecer en los ámbitos personal, profesional y financiero.

Para complementar la formación del lector en su desarrollo, Isabel Nogales ha integrado una serie de recursos como cuadernillos de trabajo, conferencias, talleres de entrenamiento personal, cursos, audioCDs, y servicios de seguimiento y coaching que logran darle continuidad al proceso de motivación y aprendizaje de los participantes más allá de la lectura de sus libros de los que podrás encontrar más detalles en el blog

http://www.comohacersericoya1.blogspot.com.es/

El blog de "Como hacerse rico ya ", de contenido eminentemente práctico, se convierte así en una herramienta y método en el objetivo de liquidar deudas , planificar su futuro mediante planillas de planificación financiera, y un taller práctico ,elaborado paso a paso para aprender a invertir.

Evidentemente una herramienta indispensable en cualquier hogar.

"Si empiezas a trabajar en tus metas, tus metas trabajarán para ti. Si empiezas a trabajar en tu plan, tu plan trabajará para usted. Cualquier cosa buena que construyamos terminará construyéndonos a nosotros."

Jim Rohn

Quisiera adelantarte parte del contenido del título donde se da continuidad a esta obra que tienes entre tus manos. Su título

---

"Salto a la Riqueza : saliendo de pobres"

de la serie

"Educación Financiera para Gente Corriente".

En esta próxima obra trabajaremos de manera práctica la metodología para Generar Dinero en tu vida, que incluye información y herramientas junto con pautas, planes, plantillas y un plan detallado para salir de la pobreza y generar riqueza día a día en tu vida.

En este nuevo título, eminentemente práctico, te enseñaré:

I. Como y conocer tu situación económica actual.

II. Cómo Crear Presupuestos para controlar tus Gastos

III. Cómo Crear un Plan financiero para saber hacia donde te diriges y coordinar tus pasos de forma ordenada.

IV. Cómo Crear un Plan para acabar con tus Deudas de manera rápida.

V. Cómo Crear un Plan detallado para Generar Ahorro Constante.

VI. Cómo Crear una Mentalidad de Inversor Exitoso.

VII. Creación de un Plan de Multiplicación de tu Capital.

VIII. Cómo Gestionar tu Patrimonio Actual e Incrementarlo.

IX. Cómo Proteger tu Capital.

X. Cómo Pagar menos Impuestos por tu Riqueza.

Bibliografía

"Percepción visual" de Luna Blanco et al..

"Epistemología: la introspección como camino hacia la conciencia", *Instituto Tecnológico Autónomo de México*

"El talento nuca es suficiente" de John C. Maxwell.

"Transposición cibernética" de Stuart Litchman.

"Psicología de la personalidad" de Bermudez J. et al.

"El poder de la intención" de Dyer.

"El hombre más rico de Babilonia" de George S. Clason.

"Trasformación Total de su Dinero" de Dave Ramsey.

"Los Secretos de la Mente Millonaria" de T. Harv Eker.

"Cómo negociar con éxito" de Robert Mayer.

"El millonario automático" de David Bach.

"El secreto" de Rhonda Byrne.

"Sé todo lo que puedas" ser de John C. Maxwell.

"Los 7 hábitos de la gente altamente efectiva" de Stephen R. Covey.

"El vendedor elegantemente iresistible" de Alejandro Plagiari

"El camino a la riqueza del hombre perezoso" de Richar Nixon.

"Creando afluencia" de Deepak Chopra

"Manual de Rebirthing para principiantes" de Marian Navas.

Citas Biográficas.

Woody Allen

Rafael Palacios

Platón

J.K. Rowline

Rhonda Byrne

Joe Vitale

David G. Myers

Luis Spinoza

Daniel Cóleman

Will Smith

Deepak Chopra

Buddha

Albert Einstein

Henry Ford

González Pecotche

Profeta Jeremías. Antiguo Testamento

Otros títulos de la autora

Narrativa:

"Las Aventuras de Mary Elizabeth Walnuts" 1ª Edición 1987.

"Patty, un Amor Frustrado"- 1ª Edición 1997.

"Pandora" – Narrativa. Novela. 1ª Edición 2004.

"Corazones grandes…Pies pequeños". Relato corto + guía clínica Cardiopatías 1ª Edición 2014.

Psicología:

"Quiero vivir"- Psicología. Edición 2011.

"Descubre el Tigre que hay en ti" Crecimiento Personal. Edición 2012.

"Supera tus miedos"- Crecimiento Personal. Edición 2012.

Economía e inversiones:

"Como hacerse Rico ¡¡YA!!". 1ª Edición 2011.2ª Edición extendida 2014. Serie Educación Financiera para Gente Corriente

"FOREX al alcance de Todos" volumen I y II-Educativo. Finanzas 1ª Edición 2015

"Todo sobre FOREX: Teoría y Práctica"- Finanzas. Educativo. 1ª Edición 2014

www.ingramcontent.com/pod-product-compliance
Lightning Source LLC
Chambersburg PA
CBHW072303200526
45168CB00014B/230